AI 시대에 돈 버는 사람

AI문고

인공지능 시대입니다. 기계가 인간의 인지를 대신하고, 사물이 인간을 통하지 않고 다른 사물과 직접 커뮤니케이션합니다. 이에 따른 인간 삶과 문명 변화를 정확히 이해 · 예측 · 대응하는 것은 이 시대 우리 모두의 과제입니다. AI문고는 인공지능 기술과 환경의 여러 주제를 10가지 키워드로 정리합니다. 관련 개념과 이론, 학계와 산업계의 쟁점, 우리 일상의 변화를 다룹니다. 인간과 기술의 현재, 미래를 세심히 분석합니다.

일러두기

- 인명, 작품명, 저서명, 개념어 등은 한글과 함께 괄호 안에 해당 국가의 원어를 병기했습니다.
- 외래어 표기는 현행 어문규정의 외래어표기법을 따랐습니다.

처음이세요?

전문가세요?

AI 시대에 돈 버는 사람

조재홍·방은주·권오병·지용구·한명주·안성일

대한민국, 서울, 커뮤니케이션북스, 2025

AI 시대에 돈 버는 사람

지은이 조재홍·방은주·권오병·지용구·한명주·안성일
펴낸이 박영률

초판 1쇄 펴낸날 2025년 8월 6일

커뮤니케이션북스(주)
출판 등록 2007년 8월 17일 제313-2007-000166호
02880 서울시 성북구 성북로 5-11
전화(02) 7474 001, 팩스(02) 736 5047
commbooks@commbooks.com
www.commbooks.com

ISBN 979-11-430-0716-2 03500

책값은 뒤표지에 표시되어 있습니다.

차례

AI 시대에 돈 버는 사람

최근 인공지능(Artificial intelligence, AI)에 대한 관심이 뜨겁다. 특히 챗GPT, 미드저니 같은 생성형 AI (Generative AI)의 등장은 미국과 중국은 물론 각국 정부와 기업들의 경쟁을 촉발했다. 마이크로소프트, 아마존, 구글 등 글로벌 IT 기업은 천문학적인 돈을 생성형 AI 서비스 개발에 퍼붓고 있다. 중국, 한국, 유럽연합(EU), 일본, 중동 주요 국가는 AI 경쟁력 확보를 위해 국가적 노력을 확대하고 있다. 특히 AI 서비스의 핵심 재료인 데이터의 해외 유출에 반대하는 각국은 자국민 정보 보호를 내세워 '소버린 AI(AI 자주권)' 정책을 추진하며 AI와 융합한 산업화, 사회화를 추진하고 있다.

전 세계가 생성형 AI에 관심을 기울이는 이유는 생성형 AI의 '창의성' 때문이다. 그동안 인간만이 가능하다고 생각했던 글쓰기, 그리기, 소프트웨어 코딩 작성 등의 창의적 작업이 AI 에이전트로 성공적으로 대체되고 있다. 이제는 새로운 분야에 대한 지식을 얻기 위해 학교나 책을 통해 배우기보다 생성형 AI 챗봇과 언제든 대화하며 필요한 정보를 얻는다. 음성 인식 AI 서비스와 대화하며 질문하고, 원하는 답변을 실시간으로 얻을 수 있는 AI 시대가 열렸다.

생성형 AI는 24시간 인간이 제공하는 수준 혹은 그 이상의 서비스를 제공하고 있다.

이러한 고성능 AI 서비스를 제공하기 위해 AI 서비스 기업은 많은 돈을 쓰고 있다. 챗GPT(Chat Generative Pre-trained Transformer)를 개발한 오픈AI(OpenAI)는 초거대 AI 컴퓨팅 환경 운영을 위해 대규모 AI 데이터 센터를 운영하고 있고, 연간 약 85억 달러의 운영 비용이 발생하는 것으로 알려져 있다. 하지만 예상 수입액은 45억 달러에 불과해 매년 40억 달러 이상의 손해가 발생하는 것으로 알려져 있다.

AI 서비스 전성시대가 도래했다. 우리는 국내외 AI 기업들의 사례를 통해 AI 시대에 돈 버는 사람들의 특징을 살펴보았다. 자연스럽게 돈이 모이는 산업은 미래 유망 산업이다. AI 반도체, AI 서비스, 데이터 산업 등이 바로 그 분야다.

이 책은 10개의 장으로 구성되어 있다. 각 분야의 전문가들이 분석한 AI 시대 돈 버는 사람(기업)들의 이야기가 담겨 있다.

책의 구성

가성비로 중국과 경쟁하며 글로벌 sLM 시장에 도전하는 AI 반도체

2024년, 사물인터넷(IoT) 시장은 8,802억 달러 규모로 고속 성장 중이다. AI와의 융합으로 스마트 디바이스는 단순한 데이터 전송을 넘어 판단하고 작동하는 실시간 연산 체계로 진화하고 있다. 그 중심에 'AI 반도체'가 있다. 그러나 오늘날 챗GPT 같은 서버형 AI는 높은 운영비와 통신 지연이라는 한계에 직면해 있다. 이 대안으로 주목받는 것이 바로 '온 디바이스 AI(On-Device AI)'다.

국내 스타트업 D사는 2018년 창업 이후 에지형 AI 반도체 개발에 몰두해 왔다. 2024년 5나노 기반의 AI 반도체(DX-M1) 개발에 성공하며, 가전, 로봇, 산업 기기 등 다양한 디바이스에 적용 가능한 칩을 선보였다. D사의 성공 전략은 단순하다.

바로 '가성비'다. 중국은 국가 차원에서 AI 반도체 가격을 절반 수준까지 낮추는 지원 정책을 펴고 있는 반면, 한국은 그에 미치지 못하는 수준의 지원에 머물러 있다. D사는 이런 환경에서도 경량화, 저전력화, 고성능화를 실현하며, 경쟁사 대비 절반 가격, 30% 수준의 전력 소비로 높은 정확도를 확보했다.

또한 D사는 초저전력 신경망 처리 유닛(NPU)에 최적화된 모델 경량화 기술을 독자적으로 확보했다. 이를 통해 수백억 개 파라미터(Parameter)를 수 밀리초 내 처리하는 온 디바이스 AI 반도체를 개발 중이며, 몇 년 후에는 누구나 인공 일반 지능(AGI, Artificial General Intelligence)급 AI 서비스를 손안에서 사용할 수 있는 세상이 열릴 것이다. D사는 AI 반도체 설계, 테스트, 국제 특허 확보, 글로벌 실증까지 빠르게 진행하며 현재까지 326건의 특허를 확보했고, 세계 120여 개 기업과 실증 협력을 진행 중이다.

이 모든 성과는 철저히 산업 현장(End Point)에 대한 이해와 기술 개발, 시장 변화에 대한 유연한 전략 수정, 그리고 정부 지원 프로그램과 국내 팹(Fab), 디자인 하우스와의 긴밀한 협업을 통해 이뤄졌다. 지금 D사는 2나노 공정을 목표로, 글로벌 시장을 상대로 치열한 기술 경쟁에 나서고 있다.

생성형 AI 시대, 서버 중심이 아닌 디바이스 중심의 새로운 길을 개척하고 있는 D사의 사례는 우리가 어떤 방향으로 가야 할지를 분명히 보여 준다. AI를 값싸게, 언제든 활용할 수 있게 하는 기술, 그것이 바로 온 디바이스 AI다. AI PC, 로봇, 자율주행차 등 미래의 AI 서비스는 가성비 있는 AI 반도체가 성장을 이끌 전망이다.

스케일링 법칙이 촉발한 반도체 경쟁

생성형 AI의 발전은 AI 기술의 중대한 진화를 상징하는 변곡점이 되었다. 이러한 진화 과정에서 핵심적인 역할을 하는 개념 중 하나가 바로 '스케일링 법칙'(Scaling Laws)이다. 스케일링 법칙은 AI 모델의 파라미터 수, 데이터양, 연산 능력이 증가할수록 성능이 비약적으로 향상된다는 개념으로, 빅테크 기업들은 반도체 중심의 AI 스케일 업(Scale Up) 경쟁을 확대했다. 이러한 과정에서 직접적인 수익을 창출하는 기업군이 발생하게 되는데, 바로 AI 반도체 설계 기업과 AI 데이터 센터 인프라 기업이다.

AI 반도체 설계 기업 중 대표적인 기업은 엔비디아(NVIDIA)다. 엔비디아는 독보적인 그래픽 처리 장치(GPU) 설계 기술과 CUDA(Compute Unified Device Architecture) 생태계를 기반으로 AI 연구자들의 로크인(Lock-in)을 강화했다. 이와 함께 네트워크 설루션의 내재화, 가치 사슬 전·후방 기업과의 적극적인 협력을 통해 기업용 AI 데이터 센터 시장을 장악했다. 그러나 엔비디아의 독점적 지위가 지속적으로 유지될 가능성은 높지 않다. 이는 데이터 센터가 직면한 에너지 이슈와 시장의 탈(脫) 엔비디아 흐름 때문이다. 수요 기업 맞춤형 저전력 반도체를 설계하는 브로드컴(Broadcom)이 엔비디아의 대안으로 부상하고 있는 이유다.

AI 데이터 센터 인프라 기업도 반도체 경쟁 시대에서 기회를 맞이했다. AI 데이터 센터는 필연적으로 엄청난 전력과 발열 이슈를 수반한다. 이러한 이슈를 해소하기 위해 다양한 기업들이 시장에 진입하고 있다. 슈나이더 일렉트릭(Schneider Electric)은 데이터 센터 전력 효율화를 위한 지능형 에너지 관리 및 최적화 서비스 제공을 통해 시장 경쟁력을 확보하고 있다. 엑슨모빌(Exxon-Mobil)은 전통적인 화석 연료 기업이었으나, 시장 기회를 포착해 데이터 센터 전력 공급을 위한 발전 사업으로 사업 영역을 확장하고 있다.

최근 딥시크(DeepSeek)의 출현과 함께 스케일링 법칙이 한계에 이르렀다는 의견도 존재한다. 미국의 세이프 슈퍼인텔리전스(SSI, Safe SuperIntelligence)의 수석 과학자인 일리야 수츠케버(Ilya Sutskever)는 스케일링 법칙의 한계를 지적하며, '이제는 무엇을 스케일링해야 할지 연구를 통해 새롭게 알아내야 한다'라고 했다. 다만

이것이 스케일링 법칙의 종말을 의미하는 것은 아니다. AI 반도체 중심의 스케일 업 경쟁과 AI 모델과 데이터의 효율화를 통해 새로운 돌파구를 찾는 시도는 공존할 것으로 전망된다. 우리는 다음 스케일링 대상을 찾는 빅테크 기업들의 움직임을 주목해야 한다.

AI 다이어트로 돈 버는 기업, 래블업

2020년 이후 매년 흑자를 기록하며 조용히 존재감을 키운 한국의 AI 기업이 있다. 래블업(Lablup)이다. GPU 자원을 효율적으로 활용하도록 돕는 AI 인프라 소프트웨어 '백엔드닷AI'(Backend.AI)를 만든 이 회사는, AI 모델이 아닌 AI를 위한 환경을 최적화하며, "AI 다이어트"로 수익을 창출한다. 서버 비용, 전력 소모, GPU 낭비 문제를 줄이는 것이 핵심 사업 모델이다.

창업자 신정규 대표는 포스텍에서 복잡계 뇌과학을 연구한 계산신경과학 박사 출신. 연구실의 AI 실험이 실제 상용화되기까지 너무 긴 시간을 요한다는 문제의식에서 출발해, 2015년 래블업을 공동 창업했다. 그는 래블업을 "AI 인프라 매니지먼트 플랫폼 기업"이라고 정의한다. 직접 모델을 만들지 않고, 오히려 기업의 AI 활용 비용을 줄이는 설루션을 제공한다는 점에서, "AI 골드러시 시대의 곡괭이를 파는 기업"이라고 할 만하다.

'백엔드닷AI'는 오픈 소스로 출발했으며, 이후 기업용 구독형 모델로 진화해, GPU 단위로 과금된다. 대기업·연구소·학교 등에서 GPU 사용량을 줄이고, 효율을 높이는 데 기여하며, 지난해 기준 55억 원 매출에 10억 원 영업 이익을 올렸다. 흑자가 나면 이익의 20%를 구성원과 나누는 독특한 보상 문화도 래블업만의 특징이다.

기술적 강점은 운용 체계(OS) 수준까지 최적화하는 가상화 기술에 있다. AI 연산에서 GPU의 발열, 전력 소비, 자원 분배 등을 정밀하게 조정하며 효율을 높인다. 클라우드 시장의 대세인 쿠버네티스(Kubernetes)를 사용하지 않는 이유도 "속도 저하 때문이다"라는 실용적 접근에서 비롯된다.

래블업은 현재 미국, 브라질, 유럽 등지의 글로벌 기업들과 PoC(Proof of Concept, 개념 검증)를 진행 중이며, 미국 법인 설립에 이어 동남아 법인 확장도 계획하고 있다. 자체 AI 모델은 개발하지 않으며, 고객과의 경쟁을 피하는 철학을 고수한다. 오히려 고객이 필요로 하는 AI의 기반 환경을 설계·지원하며, "AI를 누구나 쓸 수 있게 한다(Make AI Accessible)"는 모토를 실현하고 있다.

신 대표의 꿈은 단순하다. "돈을 많이 벌고 싶다기보다는, 우리가 만든 오픈 소스를 10억 명이 쓰는 날을 보고 싶다." 이처럼 조용히 묵묵히, AI의 그늘진 영역을 정리하며 돈을 버는 기업이 바로 래블업이다.

데이터가 황금이 되는 시대

"Data is the new currency!"

우리는 매일 데이터를 만들어 내고, 교환하며, 투자하는 삶을 산다. 과거 금화가 통화였던 시대처럼, 오늘날의 데이터는 디지털 경제의 교환 수단이자, 기업에는 새로운 권력이다. 그 중심에서 인공지능은 끊임없는 데이터의 갈증을 드러내며, 그것을 연료 삼아 급속히 진화하고 있다.

오픈AI의 챗GPT는 방대한 인터넷 텍스트뿐 아니라 인간의 피드백을 학습해 '좋은 대화'를 터득했다. AI는 감정을 '이해'하지 못하지만, 데이터로 그 맥락을 흉내 낸다. 그래서 인간보다 더 다정한 말을 한다. 데이터가 많아질수록 AI는 편향을 줄이고, 의미의 층위를 이해하며, 더 정교해진다.

이 경쟁에서 진짜 승자는 누구일까? 바로 데이터를 '가진 자'다. 빅테크들은 '무료 서비스'를 미끼로 수십억 사용자로부터 디지털 흔적을 수집한다. 사용자의 클릭 하나, 검색어 하나가 곧 AI를 학습시키는 자산이 된다. 왓츠앱(WhatsApp) 인수 가격 190억 달러는 단순한 메신저 앱 가격이 아니라, 그 안의 수십억 개 대화 데이터에 대한 가치였던 셈이다.

데이터의 경쟁력은 단순한 양이 아니라, 독점성, 규모, 품질로 결정된다.

넷플릭스의 시청 행동 데이터, 23andMe의 유전자 정보처럼 '남들이 가질 수 없는 고유 데이터'가 가장 강력한 무기다. 또 일정 임계점을 넘는 데이터는 AI 성능을 비약적으로 끌어올린다. 규모의 경제를 넘어선 '데이터 네트워크 효과'는 승자독식 구조를 만든다. 하지만 아무리 많아도 품질이 낮으면 무용지물이다. 정확성, 일관성, 완전성, 적시성을 갖춘 데이터만이 금을 만들어 낸다.

결국 AI 시대의 진짜 금광은 '데이터'다. 그것도 단순한 숫자가 아닌, 깊이 있는 맥락을 담고, 복제 불가능한 독점성을 지닌, 고품질의 데이터다. 지금 이 순간에도 데이터 전쟁은 치열하게 진행 중이다. AI는 말한다. "더 주세요."

글로벌 데이터 연금술사들의 레시피

오늘날의 데이터는 금광과 같다. 클릭, 검색, 구매 이력은 물론 마우스 움직임 하나까지 기업의 손에 들어오지만, 진짜 승자는 데이터를 '수집'하는 자가 아니라 '연금술'하는 자다. 이 연금술은 명확한 전략, 단계적 실행, 그리고 조직 문화의 변화 위에서만 발휘된다.

테슬라(Tesla)는 자율주행이라는 미래 기술의 핵심을 데이터에서 찾는다. 일반 소비자의 차량에서 수집된 주행 데이터는 실시간으로 테슬라의 슈퍼컴퓨터 '도조(Dojo)'에서 학습되고, 이를 기반으로 진화한 FSD(Free Software Definition, 자유 소프트웨어 정의) 알고리즘은 다시 전 세계 차량에 무선으로 배포된다. 이렇게 수집 → 학습 → 배포가 반복되는 순환 구조 속에서 테슬라는 '그림자 모드'로 에지 케이스(Edge case)까지 포착하며 기술 완성도를 높여 간다. 이는 단순히 기술 경쟁이 아니라, 실생활에서 살아 움직이는 데이터를 얼마나 다양하고 효율적으로 다룰 수 있는지에 대한 싸움이다.

넷플릭스는 '무엇을 보여 줄 것인가'보다 '언제, 어디서, 어떻게'라는 시청자의 리듬에 집중한다. BBC 원작 리메이크 〈하우스 오브 카드〉의 기획도, 〈블랙 미러: 밴더스내치〉의 인터랙티브 실험도 모두 방대한 시청 데이터를 기반으로 한 결정이었다. 일시 정지, 되감기, 다음 회차로 넘어가는 타이밍까지 분석하는 이들의 집요함은 결국 '수면'과 경쟁하는 스트리밍 제국을 만들었다. 이들은 데이터를 통해 시간을 사로잡는 법을 터득했다.

월마트(Walmart)는 전통 유통업체의 한계를 '픽업 타워(Pickup Tower: 고객이 온라인으로 주문한 상품을 픽업해 갈 수 있는 대형 키오스크)'와 '커브사이드 픽업(Curbside Pickup: 고객이 해당 매장의 물품을 온라인으로 구매하고 지정된 장소에 방문해 물건을 수령하는 것)'으로 돌파하며 오프라인과 온라인의 경계를 무너뜨렸다. 고객이 원하는 방식으로, 원하는 시간에, 최소한의 접촉으로 쇼핑할 수 있도록 쇼핑 경험을 재설계한 것이다. 팬데믹은 월마트의 데이터 기반 전략을 더욱 가속화했고, 월마트는 이제 아마존과 어깨를 나란히 하는 디지털 유통 강자가 되었다.

제너럴 일렉트릭(GE)은 제트 엔진 제조 기업에서 데이터 기반 서비스 기업으로 탈바꿈했다. 100여 개 센서가 장착된 항공 엔진에서 나오는 방대한 데이터를 분석해 '예지 정비(Predictive Maintenance)'를 실현했고, 이는 '비행 시간당 과금(Power by the Hour)'이라는 완전히 새로운 비즈니스 모델로 이어졌다. 고객에게는 가동

시간이라는 효율을, GE에는 안정된 수익 구조를 제공하는 이 모델은 이해관계를 일치시키며 산업의 판을 바꿨다.

데이터는 모든 기업에 열려 있으나, 그것을 연금술로 바꿔 내는 능력은 선택된 기업만의 것이다. AI 시대, 진짜 돈을 버는 사람들은 데이터를 수집하는 이들이 아니라, 데이터를 '살아 있는 가치'로 전환하는 이들이다.

여러분 회사의 데이터 연금술 시작하기

테슬라, 넷플릭스, GE는 어떻게 데이터를 황금으로 바꿨을까? 그들은 '특별한 데이터'를 갖고 있었던 것이 아니다. 그들의 성공 비결은 '자신만의 데이터 금맥'을 찾고, 체계적으로 수집하고, 정제하고, 그것을 전략적으로 활용한 데 있다. 그렇다면 지금 우리 회사에는 어떤 데이터 자산이 있을까?

첫걸음은 데이터 카탈로그를 만드는 것이다. 우리 조직에 존재하는 데이터의 위치, 형식, 소유자, 권한 등을 명확히 파악해야 한다. 그다음엔 갭 분석을 통해 아직 수집되지 않았지만 비즈니스 가치를 낼 수 있는 데이터가 무엇인지 살펴본다.

하지만 모든 데이터가 가치를 갖는 것은 아니다. 진짜

'연금술의 재료'는 독점성, 관련성, 활용 가능성을 모두 갖춘 데이터다. 예를 들어, 테슬라처럼 자사만이 수집할 수 있는 운전 개입 데이터, GE처럼 장비에서 나오는 실시간 성능 데이터가 그렇다. 그다음엔 이 데이터를 어떻게 수집할 것인지, 어떤 도구로, 어떤 목적을 가지고 접근할 것인지 전략을 세워야 한다.

그리고 그다음은 데이터 정제다. '쓰레기를 넣으면 쓰레기가 나온다.' 고전적인 원칙이지만 여전히 유효하다. 중복 제거, 표준화, 이상치 처리, 결측치 보완, 외부 데이터 결합 등 실전적 기술을 적용해야 한다.

데이터 프로젝트는 일반 프로젝트와 다르다. 완성보다 지속적 개선, 확신보다 탐색이 핵심이다. 그래서 성공의 비결은 기술보다 다음 세 가지에 달려 있다.

(1) 명확한 비즈니스 목표: "AI 도입"이 아니라 "이탈률 10% 감소"여야 한다.

(2) 단계적 접근: 작게 시작해 빠르게 피드백을 받고, 효과를 입증한 뒤 자동화하고 최적화한다.

(3) 조직 문화의 변화: 데이터는 소수 전문가의 전유물이 아니다. 전 직원이 '데이터로 질문하고 행동하는' 문화를 만들어야 한다.

마지막으로 기억하자. 데이터 연금술은 마법이 아니

라, '정직한 자기 평가'와 '지속적인 실행'의 문제다. 지금 당신 앞에 데이터 금맥이 있다. 문제는 그것을 볼 수 있는가, 그리고 시작할 수 있는가다.

디지털 전환을 넘어선 AI 전환 패러다임

'디지털 전환(DX)'이 표준이 된 시대, 이제 기업들은 그 다음 단계인 'AI 전환(AX)'을 고민하고 있다. 단순히 시스템을 디지털화하는 것을 넘어, AI를 조직의 핵심 운영에 통합하고 실질적인 비즈니스 가치를 창출해야 하는 시점이다.

더존비즈온은 B2B 기업 중 드물게 이 AI 전환의 여정을 실제 비즈니스 현장에서 완성도 있게 실현한 사례다. 이들이 출시한 AI 기반 업무 도구 '원AI'는 불과 6개월 만에 2,000개 기업과의 도입 계약을 이끌어 냈으며, 이는 단순한 기술 도입이 아닌 업무 프로세스 전반에 AI를 내재화한 결과였다.

그러나 많은 기업은 여전히 '알고는 있으나 실천하지 못하는' 상태에 머물러 있다. 생성형 AI의 등장 이후 대부분의 임직원이 챗GPT 같은 도구를 경험해 보았지만, 이를 일상 업무에 활용하고 있는 기업은 극히 드물다. 이는 조직 구조, 보안, ROI(투자 수익률)에 대한 고민이 선행되지 않은 채 AI를 도입했기 때문이다.

넷플릭스의 사례는 AI를 통해 어떻게 비즈니스 경쟁력을 극대화할 수 있는지를 잘 보여 준다. 넷플릭스는 검색이 아닌 추천으로 시청의 80%가 이뤄지도록 개인화 전략을 고도화했고, 이는 연간 10억 달러 이상의 가치를 창출하며 사용자 이탈을 방지하는 핵심 수단이 되었다. 콘텐츠 선택에 걸리는 90초를 줄이기 위한 섬네일 이미지 최적화까지, 모든 고객 경험의 순간에 AI가 개입한다.

넷플릭스와 더존비즈온의 공통점은 명확하다. AI를 기술이 아닌 전략으로 접근했고, 고객 경험과 업무 생산성에 실질적 변화를 이끌어 냈다는 점이다. AI 전환(AX)은 단순한 '도입'이 아니라, 조직의 언어와 사고, 운영 체계를 바꾸는 일이다. 이제는 기술보다 실행이 중요하다. AI 시대, 기업이 생존하고 성장하기 위한 진짜 전환은 '디지털을 넘은 AI 전환'이다.

한국 중견기업의 도약: 더존비즈온의 AI 전환

국내 ERP(전사적 자원관리) 강자인 더존비즈온은 기존의 디지털 전환을 넘어, AI 전환을 전략적 성장축으로 삼아 '원AI(One AI)'를 출시하며 AI 통합 기업으로 거듭났다. 원AI는 단일 기능에 그치지 않고 ERP, 그룹웨어, 문서 관리 등 기업용 핵심 소프트웨어 전반에 생성형 AI를 자연스럽게 내장했다. 복잡한 회계 질의, 이메일 요약, 일정 조율까지 AI가 일상 업무 흐름에 녹아들며, 별도 학습 없이도 실질적 생산성 향상을 유도한다.

더존은 자체 API 브리지 기술과 검색 증강 생성(RAG, Retrieval-Augmented Generation) 방식을 적용해 기업 내부 데이터와 외부 AI 엔진을 안전하게 연결함으로써, 보안성과 정확성 문제도 선제적으로 해소했다. 그 결과, 출시 6개월 만에 2천여 개 기업이 도입 계약을 체결하는 성과를 냈고, 일부 대기업 시장에서도 SAP를 대체하며 새로운 기회를 열고 있다. 이처럼 더존의 AI 전략은 기존 고객 기반과 업종 전문성을 기반으로 클라우드, AI, 보안 기술을 통합해 비즈니스 모델을 고도화한 성공 사례로 주목받는다.

중소기업은 제한된 자원을 극복하기 위해 선택과 집중, 외부 자원 활용, 작은 성공의 점진적 확장, 파트너십 기반 플랫폼 협력 전략이 중요하다. 특히 AI 도입은 페인 포인트(Pain Point) 기반의 현실적 문제 해결에서 시작해, 노코드 툴(No-code tools)과 SaaS 활용을 통해 내부 전문성 부족을 보완하는 방식으로 접근해야 한다.

반면 대기업은 전사적 비전 정렬, 데이터 통합과 사일

로(Silo) 해소, 융합형 애자일 조직 운영, AI 리터러시 향상과 인재 확보, 단기-장기 전략 병행, AI 윤리 및 거버넌스 체계 구축이 핵심 과제다. 리더십의 강력한 추진력과 실험을 장려하는 조직 문화가 함께 뒷받침될 때, 대규모 조직도 AI 시대의 선도자로 도약할 수 있다.

더존비즈온의 사례는 한국 중견기업이 기술 변화의 흐름 속에서 '따라가는 자'가 아니라 '설계하는 자'로 거듭날 수 있음을 보여 준다. 규모와 업종을 불문하고, AI는 지금 모든 기업의 전략적 선택이 되어야 한다.

AI 시대의 성공을 위한 나침반

AI 기술이 범람하는 지금, 기업은 자문해야 한다. "우리는 무엇을 위해 AI를 활용하는가, 그 성공은 무엇으로 측정할 것인가?" 이 질문에 분명한 답을 가진 기업만이 유행을 넘은 지속 가능한 혁신을 이룰 수 있다.

이 장에서는 더존비즈온과 넷플릭스 사례를 통해 AI를 조직에 통합하는 실질적 전략을 살펴보았고, 중소기업과 대기업 각각의 실행 방안, 리더십과 문화, 거버넌스의 중요성도 함께 짚었다. 결론적으로 강조한 바는 단순한 기술의 도입이 아니라 "융합(Convergence)"이다. 기술과 비즈니스, 단기 실행과 장기 비전, 사람과 기계, 윤리와 성과 간의 융합, 이 네 가지 축이 함께 어우러질 때 비로소 AI는 기업의 전략에 자연스럽게 스며들고, 시너지를 창출한다.

AI는 방향을 제시하는 나침반이지 목적지가 아니다. 성공적인 AI 전략은 최신 기술 도입 자체보다, 그것을 통해 고객에게 새로운 가치를 제공하고, 조직을 한층 더 유기적으로 성장시키는가에 달려 있다. 'AI 시대의 성취'는 단기 성과가 아닌, 지속 가능한 혁신 역량과 이해관계자의 신뢰로 측정되어야 한다.

AI는 기업의 항해에서 엔진이 아니라 길잡이다. 지금은 각 기업이 자신만의 항해 지도를 그려야 할 시점이다. 방향이 없는 속도는 위험하며, 전략 없는 기술은 공허하다. 기술보다 중요한 것은 그 기술을 왜, 어떻게 쓰는가다. 진정한 승자는 기술이 아닌 철학과 전략을 가진 자다.

AI 스타트업, 성공과 투자

AI는 노동 생산성과 산업 혁신을 이끄는 핵심 기술로, 특히 스타트업 생태계에서 새로운 일자리와 시장을 창출하며 경제 성장을 견인한다. 그러나 AI 스타트업의 성공은 단순한 기술력만으로 결정되지 않는다. 성공하는 스타트업은 기업 자원, 외부 가시성, 투자자 네트워크를 전략적으로 통합해 낸다.

우선, 인적 자원과 자본력은 AI 스타트업의 기초 체력이다. 특히 고연산 AI 모델은 연구 개발(R&D) 비용이 높고, 이를 감당할 팀 구성과 재정 준비가 되어 있어야 한다. 창업 초기라도 시드(Seed) 펀딩 유치 경험, 설립 후 일정 시간이 지난 안정성은 투자자의 신뢰를 얻는 신호가 된다.

둘째, 사회 관계망 서비스(SNS) 활동, 상표권 등록, 앱 출시 등 외부에 자신을 '보이게 하는 전략'은 스타트업의 가치를 결정짓는다. 기술력만으로는 충분치 않으며, 시장과의 접점을 통해 브랜드 신뢰와 사용자 경험을 입증해야 한다. 특히 중상위 소득국에서는 이러한 '노출 전략'이 인수 합병(M&A) 성사에 결정적 역할을 한다.

셋째, 투자자 네트워크와 리드 투자자의 존재는 단순한 자금 조달을 넘어 기업의 방향성과 시장 진입의 가늠자가 된다. 다수의 투자자가 몰려들었는지, 그중 핵심 리더가 존재하는지는 IPO(기업 공개)나 M&A의 가능성을 결정짓는 열쇠다.

경로별로 성공 요인은 달라진다. 시드 단계에서는 신뢰와 타이밍, M&A에서는 외부 가시성, IPO에서는 조직

규모와 자립적 비즈니스 모델이 관건이다. 특히 전통적 AI 기업은 IPO로, 융합형 AI 스타트업은 M&A로 회수 가능성이 높다.

AI 스타트업에 투자할 때는 기술력만 볼 게 아니다. 기업의 내·외부 역량, 투자 이력, 시장 전략, 국가별 맥락까지 입체적으로 살펴야 한다. 진짜 중요한 건 "그 스타트업과 함께 성장할 수 있는가?"다. 단순한 자금 후원이 아니라, 전략적 파트너로서 성장 서사를 함께 써 갈 준비가 되어 있는 투자자만이 AI 시대의 진짜 수익을 얻을 수 있다.

01
가성비로 중국과 경쟁하며 글로벌 sLM 시장에 도전하는 AI 반도체

챗GPT를 비롯한 서버형 AI 서비스 모델은 고비용, 고지연의 이슈를 해결해야 상업적인 성공을 이룰 수 있다. 최근 딥시크 등 경량화된 AI 모델이 등장하고 있으며 이러한 AI 연산을 고성능, 초저전력으로 처리할 수 있는 온 디바이스 AI 반도체에 대한 전 세계의 관심이 높아지고 있다. 추가 비용 없이 생성형 AI를 언제 어디서나 활용할 수 있는 AI 서비스가 등장할 수 있을까? AI 반도체에서 그 해답을 찾을 수 있다.

AI와 1인 창업?

최근 IDC(International Data Corporation) 발표에 따르면, 2024년 전 세계 사물인터넷(IoT) 시장 규모는 8,802억 달러 규모로 연평균 10.1%씩 고속 성장해, 2028년에는 1조 2905억 달러 규모에 달할 것이란 전망이다.

일반적으로 IoT 기술은 사람의 개입 없이 디바이스(사물, 기기)가 서로 인터넷으로 데이터를 주고받으며 판단, 동작하는 기술 체계를 의미하며, 과거 스마트 온습도계, 스마트 검침계 등이 대표적 사례다. 하지만 오늘날 IoT는 AI, 네트워크 기술과 결합하며 그 의미를 완전히 새롭게 하고 있다.

예컨대, 현장에서 활용되는 에지형 IoT 기기(디바이스)인 AI 카메라는 공장 벽면에 설치되어 24시간 작업장 내 안전 상황을 관찰한다. 사용자가 사전에 정의한 요구 수준에 따라 특정 위험 상황이 감지되면 자동으로 경고음을 송출하며, 작업장 안전 관리자에게 경고 문자가 즉시 발송될 수 있다.

이처럼 최근 IoT 기술은 현장에서 동영상, 사진, 음성 등 다양한 비정형(숫자, 문자가 아닌 다양한 형태) 데이터를 실시간으로 수집할 수 있다. 수집된 대규모 비정형 데이터는 LTE 등 고속 인터넷망을 통해 AI 모델이 탑재된 서버로 보내진다. 서버는 데이터를 판독해 AI 연산 결과를 사용자에게 제공한다.

'에지형 IoT 기기 → 서버 → AI 서비스'의 구현 모습이 오늘날 우리가 경험하는 생활 속 AI다. 오늘날 많이 익숙해진 챗GPT 또한, 컴퓨터(에지형 디바이스의 일종)가 사용자가 입력한 데이터를 해외의 오픈AI 중앙 서버로 데이터를 전송한다. 서버는 복잡한 AI 연산을 통해 도출된 답변을 다시 컴퓨터로 전송하며 챗GPT는 수신받은 정보를 사용자에게 제공한다. 서버형 AI 서비스의 전형적인 구조다.

챗GPT 사례를 통해 알 수 있듯이, 오늘날 우리에게 익숙한 AI 서비스는 수퍼컴퓨팅급 서버를 활용하는 초고속 AI 연산 서비스다. AI 연산은 '모델'이라는 연산 알고리즘의 집합체에 의해 수학식 형태인 함수로 정의되어 실행된다.

최신 AI 기술 동향을 이해하고 앞으로의 발전 방향을 살펴보기 위해, AI 모델을 좀 더 살펴보도록 하자.

생성형 AI 모델의 일종인 대규모 언어 모델(LLM, Large Language Model)은 언어의 의미를 해석하고, 문장과 단어 사이의 뜻을 끊임없이 연결·비교하며, 연관성이 가장 높은 문장을 확률적으로 생성할 수 있다. 하지만 AI 모델이 답변을 생성하기 위해서는 대규모 언어, 지식 영역에 대한 사전 학습이 필수적으로, AI 모델의 구축을 위해서는 많은 비용이 소모되는 특성을 지니고 있다. 오픈AI의 챗GPT는 주로 LLM 모델을 사용하고 있는데 참고로 챗GPT3은 약 1,750억 개의 파라미터(AI 연산에 필요한 가중치 설정값)를 보유하고 있어 대규모 데이터 학습 비용 및 운영 비용이 소요되는 것으로 알려져 있다.

또한 VLM(Vision-Language Model, 비전-언어 모델)은 기존 AI 모델이 이미지 또는 동영상 정보를 통해 특정 추론을 반복하던 기능에서 한 걸음 나아가, 언어 모델과 연계해 시각 정보로 상황을 파악하며 이를 문장으로 설명하거나 질문에 응답할 수 있는 복합 AI 모델이다.

VLM 기술은 로봇, 디바이스 등과 결합해 사람과 시각 데이터를 기반으로 정보를 교류할 수 있도록 구현하며, 향후 피지컬 AI(Physical AI)로 발전해, 사람과 로봇, 기기가 소통할 수 있는 형태로 발전할 것으로 전망된다.

마지막으로, MoE(Mixture of Experts, 전문가 혼합 모델)는 입력되는 정보를 분석해 AI 모델 내 관련성 높은 전문가 노드만을 활성화하는 기술이다. 전체 AI 컴퓨팅 자원의 일부만 최적화해 사용하므로 고성능 그래픽 처리 장치(GPU)에 대한 AI 연산 의존성을 획기적으로 줄이는 AI 아키텍처 설계 기술이다. 중국 딥시크 AI 모델이

MoE를 발전시켜 저사양 컴퓨팅 환경 기반 LLM 서비스를 제공하며 주목을 받고 있다.

최근 AI 모델 및 아키텍처가 확장되는 가운데 AI 모델의 한 가지 공통점은 여전히 초당 수조 번에 달하는 연산을 요구한다는 점이다. MoE가 선택적 연산 노드만 활성화하는 방식으로 설계되어 컴퓨팅 자원 활용 수요를 낮췄지만, 여전히 고성능 GPU 서버에 대한 의존도가 높다. 오늘날 AI 서비스의 현실이다.

서버형 AI 서비스의 단점은 크게 두 가지로 구분된다. 첫째, 높은 운영 비용이 발생하며, 둘째, 왕복 통신 지연 현상이 생긴다는 점이다. 예를 들어, 최초로 글로벌 상용 AI 서비스를 제공하고 있는 오픈AI는 연간 50억 달러(7조 원)에 달하는 운영 비용이 발생하며, 연간 적자 규모가 10억 달러(1.4조 원)에 달한다고 한다.

잦은 품귀 현상으로 한국에서는 좀처럼 구하기 힘든 엔비디아 A100, H100 등 고성능 GPU가 8개씩 장착된 서버 2만 대 이상이 챗GPT 서비스 제공을 위해 사용된다. 서버는 초대형 클러스터로 구성되어 클라우드 컴퓨팅 운영 비용이 발생한다. 또한 데이터 센터 운영을 위한 전기료만 해도 연간 400억 원이 발생한다고 하니, 한국처럼 1천억 원 이상의 대규모 투자 유치가 쉽지 않은 상황에서, 생성형 AI 파운데이션 모델을 자체 운영하는 것은 결코 쉽지 않다.

100밀리초(ms) 이상 되는 높은 지연 현상이 서버형 AI 서비스 제공 시에 발생한다. '터미널→게이트웨이→로컬 서버→데이터 센터' 순으로 왕복으로 데이터를 입력받고, 역순으로 AI 연산 결과를 제공하는 다층 네트워크 서버 구조가 일반적이다. 각 엔드 포인트별(터미널 등) 데이터 트래픽 또는 통신 지연 현상이 발생하기 쉬운 구조다.

서버형 AI 서비스의 고비용, 고지연 문제점을 해결하고 언제든 AI 서비스를 활용할 수 있는 방법으로 온 디바이스 AI가 주목을 받고 있다. 온 디바이스 AI는 AI와 고성능 IoT 기기가 통합되어 제품화되는 형태다.

국내는 삼성전자, LG전자 등 글로벌 경쟁력을 지닌 기업이 AI PC, 스마트폰, 커넥티드 홈 가전 등 다양한 온 디바이스 AI 제품을 출시하고 있다.

2023년 온 디바이스 AI 반도체 시장 규모는 241억 달러로, 2028년에는 487억 달러에 도달해 연 15.1%씩 성장할 것으로 예측되는 유망 시장이다. 현재 산업계 AI 전문가들의 의견을 종합해 보면, 약 7000억(700B) 개의 파라미터를 100ms 이내로 응답할 수 있는 온 디바이스용

AI 반도체를 생산할 수 있다면 인공 일반 지능(AGI, Artificial General Intelligence) 시대가 열릴 것이란 전망이다.

이처럼 PC, 노트북, 청소기, 로봇 등 다양한 디바이스에 호환이 가능하고 작은 크기로 초저전력을 소비하며 7,000억 개 이상의 파라미터를 동시에 처리할 수 있는 AI 반도체를 누가 만들 수 있을까?

2018년 2월 한국에 AI 반도체 팹리스 기업을 창업, 2024년 5나노 에지형 AI 반도체(제품명: DX-M1) 개발에 성공한 국내 스타트업 D사의 사례를 살펴보자. 이 사례를 통해 AI 시대 돈 버는 기업의 성공 전략은 무엇인지, AI 시대 기업의 생존을 위한 해법은 어디에서 찾을 수 있는지 모색해 보자.

가성비 전략

"투자자가 가장 중요하게 여기는 부분은 기술, 성능이 아니라 '가격'입니다. 정부 지원금으로 원가의 1/2 수준으로 판매하는 중국산 AI 반도체와 가격 경쟁에서 이길 수 있어야 살아남습니다." — D사 대표.

첫 멘트가 의외였다. 2017년까지 미국 A사에서 애플리케이션 프로세서(Application Processor, AP) 설계 핵심 엔지니어였던 D사 대표는 칩당 50달러 미만의 '가격'이 자사의 경쟁력이라고 했다.

보통 AI 반도체 팹리스(반도체 설계에 특화된 기업, 생산은 파운드리가 담당) 기업은 주요 강점으로 타사 대비 높은 칩 로직 연산 속도, 저발열 또는 저전력 소비를 강조한다. 높은 전성비(전력 대비 높은 칩 성능)를 강점으로 꼽는 여타 팹리스 기업과는 무척이나 달라서 신선하게 느껴졌다. 더욱이 D사는 2023년부터 3년 연속 CES 혁신상을 수상했음에도, 칩의 기술성이 아닌 '가격'을 강조한 셈이다.

최근 글로벌 시장에서 벌어지고 있는 국가 간 AI 반도체 전쟁을 살펴보면 '가격' 중심 사업화 전략은 충분히 이해할 수 있다. 특히, 중국은 세계 1등 제조국 유지를 위해 한계에 다다른 자본과 노동의 투입 대신 AI 기술 접목을 통한 생산성 향상에 사활을 걸고 있다. 그 결과 중국에서는 연 65조 원 규모의 반도체 지원 자금이 반도체 설비, 재료, 메모리, 특화 칩 개발 등 전 분야에 걸쳐 막대하게 지원되고 있다. 심지어 중국 팹리스 기업이 반도체 사업화에 성공하면 판매 가격의 절반까지도 지원해 준다고 하니 글로벌 반도체 시장 경쟁에서 한국 기업은 위태롭기만 하다.

중국이 이처럼 AI 반도체 시장 육성을 위한 지원을 확대하는 배경을 살펴보자. 중국은 일찍이 AI 중요성을 인식하고 세계 기술 패권 확보 경쟁을 펼치고 있다. 반면 중국의 AI 선도국 도약을 경계하던 미국은 2022년 「반도체 및 과학법(CHIPS and Science Act)」을 마련해 자국 기업의 중국 내 반도체 제조 시설 구축 및 확장을 엄격히 제한하고 있다.

특히, 고성능 GPU에 대한 수출 금지, 슈퍼컴퓨터, 반도체 제조 장비 등의 하드웨어뿐만 아니라 EDA (Electronic Design Automation, 반도체 설계 자동화 도구) 같은 소프트웨어에 대한 수출까지 전격 제한하고 있다.

미국과 반도체 갈등이 지속되자, 중국은 기술 자립화 전략을 마련해 반도체 기술 개발, 사업화, 투자자금 지원 등 반도체 생태계 전반에 대한 전폭적인 지원을 확대하고 있다. 그 결과 기술 성숙도가 높은 메모리 반도체 일부 영역은 중국산 제품의 가격이 국산 메모리 반도체 가격의 2/3 수준으로 형성되고 있다. AI 반도체 시장에서 '가격 경쟁력'이 중요해진 이유다.

중국 대비 1/10의 지원 규모에도 못 미치는 한국의 반도체 생태계에서 D사 대표는 글로벌 AP 개발 엔지니어로서 자신의 경험을 살려, 2018년부터 에지형 AI 반도체 개발에 집중해 왔다.

고성능 서버형 반도체가 아닌 전자 제품, 로봇 등 디바이스 동작을 구동하는 에지형 AI 반도체를 개발해 온 것이다. 창업 후 약 6년의 시행착오와 노력 끝에 디바이스에 최적화된 AI 추론 및 연산 칩 개발에 성공했다.

특히, 철저히 산업계 수요를 반영해 연산 면적(칩 내 로직이 설치된 크기)은 작지만, AI 추론 성능은 오히려 경쟁사 대비 우수한 소형 칩 개발에 성공함으로써, 저전력 칩 개발 목표 달성과 물리적 크기의 소형화에 성공해, 1개 웨이퍼에서 더 많은 칩을 생산함으로써 가격 경쟁력 또한 확보할 수 있었다.

경쟁사 칩 대비 가격은 50% 미만, 전력 소비량은 30% 미만이지만, AI 모델 추론 정확도는 오히려 경쟁사보다 높은 우수한 칩 개발 성공이 D사의 첫 번째 성공 전략이다. 창업 시점부터 가성비 전략에 관심을 기울이며, 도메인 특화 기술 개발 및 사업화에 집중한 결과로 해석된다.

경량화 AI 전략

> "초저전력 NPU(Neural Processing Unit, 신경망 처리장치) 전성비의 극대화를 위해 우리는 세계 최고 수준의 DNN(Deep Neural Network, 심층 신경망) 경량화 기술을 보유하고 있습니다. 이러한 AI 모델 경량화에 대한 자체 기술력은 온 디바이스에 탑재된 생성형 AI 서비스를 별도 비용 없이 동작하게 할 수 있습니다." — D사 대표.

AI 모델 경량화에 대한 글로벌 기업의 관심이 높다. 2025년 출시된 중국 딥시크(R1)는 하나의 거대 LLM 모델을 몇 개의 작은 도메인 전문가(Domain experts) 모델로 나누어 연산을 처리함으로써 전체 동작 효율을 높였다. 결국 수퍼컴퓨터급 GPU를 사용하지 않아도 생성형 AI 서비스 품질을 높일 수 있음을 현실에서 증명한 셈이다.

이후, 도메인 전문가 모델 활용 전략은 메타(Meta)의 라마4 스카우트(LLaMA4 Scout)와 매버릭(Maverick) 모델에서도 확인이 가능한데, 각 모델은 AI 연산을 위한 실행 파라미터 수를 170억 개 수준으로 낮췄다. 하지만, 분야별 전문가 모델(MoE)을 활용함으로써 전체 파라미터

수는 1,090억, 4,000억 개 수준으로 가변적으로 운영될 수 있다.

D사는 딥시크, 라마(LLaMA) 등과 같이 약 200억 개 실행 파라미터를 처리하며, 최대 1,000억 개 파라미터를 동작할 수 있는 구조로 신규 양산 칩을 개발하고 있다. 특히 기존 GPU가 최소 700와트(W) 이상 전력을 소비하는 데 반해, 신규 칩은 5W 미만 수준에서 대규모 파라미터를 확장해 처리할 수 있도록 설계되어 있어, 양산화 성공 시 준 AGI급 온 디바이스 AI가 탄생할 전망이다.

국내에도 전자 제품 기업이 자체 대용량 GPU 컴퓨팅 환경을 마련해 AI 파운데이션 모델을 운영하는 사례가 있다. 전자 제품에 AI를 접목하려는 최근 트렌드를 반영해 제품 내 AI 기능을 탑재하려고 한다. 하지만 서버형 AI 모델의 한계처럼 비용이 문제라는 분석이 제기되고 있다.

서버형 AI 서비스의 고비용 이슈는 자연스럽게 기업들로 하여금 온 디바이스 AI에 관심을 기울이게 만들고 있어, 향후 AI 모델 경량화는 서비스 구현을 위한 핵심 이슈로 더욱 깊이 논의될 전망이다.

최신 기술 동향을 현장에서 잘 파악하고 있는 D사는 여전히 생성형 AI 온 디바이스 반도체 설계, 테스트 과정을 반복하고 있다. 주목할 점은 개발, 테스트 반복 과정에서 얻게 되는 다양한 기술 결과를 국제 특허화로 연계시킨다는 점이다.

그 결과 미국, 중국, 한국에 걸쳐 326건 이상의 특허가 출원되어 D사는 단시간 내 AI 반도체 분야에서 세계 최대 규모의 지식재산권을 확보했다. 이러한 특허 성과는 세계 120개 이상의 글로벌 기업과 양산 제품 검증을 진행할 수 있는 토대가 되었다. 지금도 미국, 중국, 대만, 유럽 등에서 글로벌 온 디바이스 AI 반도체 실증 협력을 확대하고 있다.

D사는 2026년까지 5W 미만의 전력을 소비하면서도 200억 개 이상의 실행 파라미터를 처리할 수 있는 고사양의 생성형 AI 온 디바이스 반도체를 개발할 것으로 전망된다. 엔비디아의 설루션이 GPU, HBM(고대역폭 메모리) 등 고성능, 대용량 컴퓨팅/메모리를 활용해 AI 연산을 수행하는 데 반해, 경량화에 최적화된 AI 기술을 확보한 D사는 별도의 구독 수수료 없이 안정적으로 생성형 AI 등 최신 기술 서비스를 AI PC, 스마트폰 그리고 산업 현장의 AIoT 디바이스를 통해 구현하려는 야심 찬 목표를 제시하고 있다.

협업 전략

"1천억 원 이상의 투자를 유치한 경우, 국내에서는 조 원 단위의 투자를 유치하기는 현실적으로 불가능합니다. 글로벌 시장에서 경쟁할 수 있는 반도체를 만들기 위해서는 2나노급 AI 반도체를 생산해야 합니다. 이를 위해 파운드리 사는 물론 디자인 하우스 그리고 정부 등과도 적극 협력하고 있습니다." – D사 대표.

AI 반도체를 개발하기 위해 설계에서부터 MPW(Multi-Project Wafer: 여러 개의 반도체 설계를 한 장의 웨이퍼에서 제작) 제작을 거쳐, 테스트하고 파운드리에서 반도체 다이(die)를 제작, 패키징을 거쳐 최종 제품화된 칩 완성에 이르기까지 최소 2년 이상이 소요된다. 제작 비용은 사용하고자 하는 공정 노드(나노미터, nm)에 따라 상이하지만 대략 수억 원에서 수천억 원까지 발생할 수 있다.

D사는 생성형 AI를 온 디바이스에서 구현하기 위해 40Tops 이상의 성능을 확보하기 위한 전략을 수립 중이다.

이를 위해 국내 파운드리 사와 협력해 2나노급 공정을

통해 양산품을 제작할 계획이며, 약 1,000억 원 내외의 개발비가 소요될 것으로 전망하고 있다. D사는 대규모 투자 재원 마련이 쉽지 않고, 또 퍼스트 무버가 되려는 기업 비즈니스 전략이 약한 국내 상황에서 공급망 내 민관 파트너들과 적극적인 협력 관계를 구축하고 있다. 정부의 반도체 육성 프로그램 적극 활용하기, 파운드리, 디자인 하우스 기업 등과 전략적인 협업 관계를 구축하며 칩 양산화에 적극적인 노력을 기울이고 있다.

현재, 과학기술정보통신부를 비롯 산업통상자원부, 중소벤처기업부 등은 여러 반도체 프로그램을 마련하고 있다. 몇 가지 예를 들면 먼저 고비용 설계 소프트웨어에 대한 중소기업 공동 활용 지원 사업이 있다. 시놉시스(Synopsys), 케이던스(Cadence), 지멘스(Siemens) 등 글로벌 기업은 수십 년간 반도체 설계에 대한 노하우를 축적해 왔으며, 축적된 IP(Intellectual Property, 지식재산권)를 패키지화된 소프트웨어 프로그램으로 제공한다. EDA로 널리 알려진 툴이 바로 그 설계 소프트웨어다.

반도체 로직 설계, 검증, 합성 등을 주로 지원하며 최근에는 설계된 반도체에 대한 물리적 성능 검증까지 지원하는 에뮬레이터가 등장했다.

하지만 많게는 수만 달러에서 많게는 수백만 달러에 달하는 설계 소프트웨어(SW) 라이선스 비용은 종 수만으로도·50종 이상으로, 자금력이 부족한 중소기업은 라이선스를 전부 구매하기 어려운 상황이다.

정부는 기업에 필요한 설계 SW를 공동 활용 라이선스 형태로 구매해 중소 팹리스 기업, 연구소 등에 무료로 사용하게 해 주는 프로그램을 응용 중이다.

또한, 설계된 반도체를 테스트용 칩으로 제작할 수 있도록 MPW 지원 프로그램이 운영 중이다. 한 장의 웨이퍼에 여러 종류의 반도체를 공동 생산하는 MPW 제작은 비록 생산할 수 있는 반도체 수량이 기업당 200~300개 내외로 제한적이지만, MPW 제작 지원이 IP 구매, 디자인 하우스 비용 및 팹(Fab) 사용료 등을 지원하고 있어 팹리스 기업에는 초기 시제품을 빠르게 제작해 사용성을 검증하기에 좋은 기회다.

이렇게 개발된 반도체에 대한 성능 검증도 국가에서 지원하고 있다. 제조사별 상이한 서버 및 CSP(Cloud Service Provider, 클라우드 서비스 제공자)별 클라우드 환경에서 반도체를 설치해 특정 기간 동안 정상 작동 여부를 확인하는 것은 AI 반도체의 품질을 확보하는 데 주요한 과정이다. 개발된 AI 반도체에 대한 검증 지원은 최종 제품화를 위해 기업이 활용할 수 있는 정책 지원 사업이다.

D사는 초기 투자 비용이 높은 AI 반도체 개발의 특성을 경험적으로 이해하고 있었다. 2018년 창업 초기부터 D사는 정부의 반도체 프로그램을 효과적으로 활용했는데, 설계 소프트웨어, 연구 개발 프로그램 및 최근 해외 시장 실증 지원 프로그램까지 폭넓게 활용하며 빠르게 제품 상용화를 달성할 수 있었다.

동시에 국내에서는 온 디바이스 최초로 2나노 반도체 공정 활용을 목표로 파운드리 사와 전략적 협업 관계를 구축 중이다. 국내 팹을 통한 생산은 파트너사의 적극적 협력을 이끌어 낼 수 있으며, 조기 수율 확보를 위한 사전 준비 또한 높일 수 있다는 설명이다.

사실 최초로 첨단 반도체 공정을 이용하는 것은 IP 간 충돌 이슈, 반도체 제작 수율 확보(초기 수율 약 30~40% 수준)의 어려움 등, 스타트업이 홀로 감내하기 어려운 문제일 수 있다.

D사는 적극적인 파트너 관계 구축을 통해 호혜적 관점에서 비즈니스를 풀어 가려는 노력을 기울이고 있는데, 기업 기술 역량에 대한 시장의 높은 평가와 그간 빠르게 칩을 생산하며 가성비 있는 제품을 양산한 경험이

인정되어 전략적인 협업 관계를 잘 구축할 수 있었던 것으로 평가된다.

결론

AI 모델에 대한 혁신적인 발전과 대규모 데이터 학습 및 AI 추론 등을 충분히 지원할 수 있는 AI 반도체 기술의 눈부신 성장은 그간 불가능하다고 여겨지던 인간 수준의 지능을 갖춘 일반 인공 지능의 등장에 기대가 높아지고 있다.

특히 그간 대형 서버 위주로 AI 서비스가 제공되었던 현실에서 온 디바이스를 통해 생성형 AI 등 첨단 서비스를 활용할 수 있는 시장이 열리고 있다.

D사 사례를 통해 AI 시대 돈 버는 기업의 특성을 분석해 보았다. D사는 기술 시장이 최종적으로 사용자에게 제공되는 현장(End Points)에 대한 높은 이해도를 기반으로 도메인 특성에 대한 심도 깊은 연구를 실시했다.

그 결과 시장이 필요로 하는 제품이 무엇인지 명확하게 이해할 수 있었고, 이것이 온 디바이스 AI 반도체 개발의 계기가 되었다.

또한, 최신 AI 기술의 발전 동향을 면밀히 관찰하며 처음에는 염두에 두지 않았던 생성형 AI 기술을 구현하는 반도체를 만드는 것으로 계획을 수정했다. 원래 영상 AI 비전 처리 특화 기업에서 생성형 AI로 목표를 확대했고, 이러한 결정은 글로벌 기업들과 파트너십을 확대하는 결과로 이어졌다.

특히, 경량화 AI 기술을 지원하는 반도체 기술에 집중해, 현재는 온 디바이스 같은 제한된 컴퓨팅 환경(작은 공간, 저전력 소비, 제한된 네트워크 환경 등)에서 최적화된 AI 반도체가 동작하도록 다양한 실험을 진행하고 있다.

마지막으로, 이 모든 개발 과정을 다양한 정부 지원 프로그램 활용과, 설계 소프트웨어 공급사, 파운드리, 디자인 하우스 기업 등 반도체 생산 공급망 사업자 간 긴밀한 협업 체계를 만들어 AI 반도체의 가격 경쟁력을 확보하는 결과를 만들어 낼 수 있었다. 2018년 창업한 D사는 불과 7년 만에 기업 가치 7,000억 원 이상의 평가를 받고 있으며, 생성형 AI 온 디바이스 반도체에 대한 글로벌 기업의 관심은 점점 높아지고 있는 상황이다. AI PC, 산업용 PC, 가전, 자동차, 로봇, 클라우드 서비스 기업 등과 양해각서(MoU) 등을 체결하며 전략적 협력을 강화하고 있다. 향후 몇 년 안에 D사가 온 디바이스 AI 시장에서 어떤 가시적 성과를 가져올지 사뭇 기대된다.

02
스케일링 법칙이 촉발한 반도체 경쟁

트랜스포머 기반의 생성형 AI 모델은 파라미터 수, 데이터 크기, 컴퓨팅 성능이 증가할수록 모델의 성능이 향상된다. 이러한 특성을 갖는 생성형 AI 모델의 등장 배경과 스케일링 법칙의 의의를 설명한다. 스케일링 법칙과 관련해 수익을 창출하는 기업군을 분석한다.

AI와 MBTI?

AI 시장은 AI 인프라를 제공하는 AI 반도체 시장과 데이터 시장, 최종 소비자에게 실질적인 가치를 제공하는 AI 응용 서비스 시장으로 구분할 수 있다. 각 시장 영역은 독립적으로 발전했으나, 점차 상호작용하며 AI 시장의 확대 및 연관된 신규 시장의 형성을 촉진하고 있다.

AI 반도체는 AI 모델의 학습과 추론을 위한 컴퓨팅 인프라를 제공한다. GPU(Graphic Processing Unit, 그래픽처리장치), NPU(Neural Processing Unit, 신경망 처리장치) 등 고성능 프로세서의 등장과 지속적인 연산 능력의 개선은 AI 모델의 학습과 추론 속도를 비약적으로 향상했다. 시장 조사 전문 기업인 마켓츠앤드마켓츠(MarketsandMarkets)에 따르면, AI 반도체 시장은 2024년 기준 1천 123억 달러 규모에서 연평균 20.4% 성장해 2029년에는 3천 111억 달러에 이를 것으로 전망된다. 특히 헬스케어, 로보틱스 등 첨단 기술 분야를 중심으로 AI 반도체 수요가 급격히 증가할 것으로 예상된다.

트랜스포머(Transformer) 기반의 생성형 AI 모델은 파라미터 수, 데이터 크기, 컴퓨팅 성능이 증가할수록 모델의 성능이 향상된다. 이러한 특성을 갖는 생성형 AI 모델의 등장 배경과 스케일링 법칙의 의의를 설명하고, 스케일링 법칙과 관련해 수익을 창출하는 기업군을 분석한다.

스케일링 법칙

생성형 AI의 발전은 AI 기술의 중대한 진화를 상징하는 변곡점이 되었다. 이러한 진화 과정에서 핵심적인 역할을 하는 개념 중 하나가 바로 '스케일링 법칙'으로, 이는 트랜스포머 아키텍처 기반의 생성형 AI 모델이 더 많은 파라미터, 더 방대한 데이터, 더 높은 컴퓨팅 성능에 의해 모델 성능이 비약적으로 향상된다는 개념이다. 2020년 10월 오픈AI가 발표한 논문인 "자기회귀형 생성 모델의 스케일링 법칙(Scaling Laws for Autoregressive Generative Modeling)"이 이러한 스케일링 법칙을 설명한다. 해당 논문은 "데이터 크기가 일정 수준을 초과하게 되면 모델의 성능 향상은 줄어드는 반면, 컴퓨팅 능력 증가에 따른 모델의 성능 향상은 지속적으로 발현된다"라는 스케일링 법칙의 특징을 제시했다. 이러한 특성을 바탕으로 빅테크 기업들은 AI 모델 성능 향상을 위해 반도체에 대한 투자를 최우선으로 하는 스케일링 최적화 전략을 단행했다. 오픈AI의 GPT 시리즈, 구글의 팜(PaLM), 메타의 라마(LLaMA) 같은 생성형 AI 모델은 이러한 스케일링 법칙, 특히 컴퓨팅 성능의 스케일링 법칙을 적극 활용한 결과물이다.

스케일링 법칙을 통해 반도체 수급 경쟁을 주도하고 있는 회사는 AI 기반 클라우드 컴퓨팅 서비스를 제공하는 오픈AI다. 오픈AI는 2025년 1월 '스타게이트(Stargate) 프로젝트'를 공식적으로 발표했다. 이 프로젝트는 오픈AI, 오라클(Oracle), 소프트뱅크(Softbank) 등 민간 기업이 주도하는 AI 데이터 센터 구축 사업으로, 향후 4년간 5천억 달러가 투입되는 초대형 프로젝트다. 이 프로젝트를 통해 구축될 AI 데이터 센터는 미국의 AI 기술 주도권 강화 및 경제 활성화를 위한 AI 허브로 활용될 것으로 전망된다. 이러한 AI 스케일 업 경쟁에서 직접적인 수익을 창출하는 기업이 발생하게 된다. 바로 AI 반도체 설계 기업과 AI 데이터 센터 인프라 기업이다.

AI 반도체 설계 기업 중 시장을 선도하고 있는 기업은 엔비디아다. 엔비디아는 기업용 데이터 센터 구축에 필요한 고성능 반도체와 서버를 공급하며 막대한 수익을 창출하고 있다. 처음부터 엔비디아가 기업용 데이터 센터 시장에서 주목을 받았던 것은 아니다. 엔비디아의 GPU는 1990년대 후반까지만 하더라도 3D 그래픽 연산에 특화된 컴퓨팅 유닛으로 사용되었다. 게임 속 3D 모델, 텍스처, 조명 효과 등을 실시간으로 렌더링하는 데

사용되는 특수 목적형 반도체였다. 그러나 2000년대 초반 이후 일부 사용자들이 엔비디아의 GPU를 범용 목적의 GPGPU(General-Purpose computing on Graphics Processing Units)로 활용하기 시작하면서 사용자 계층이 변화하기 시작했다. 게이머와 3D 그래픽 전문가로만 국한되었던 사용자 계층이 광범위한 개발자 계층으로 확대되었다. 엔비디아의 타깃 고객이 개인 소비자에서 기업으로 이동하는 중대한 전환점이 된 것이다. 이러한 변화 속에서 엔비디아는 발 빠르게 시장 수요에 대응했다. 엔비디아는 2007년 범용 목적의 GPU 활용 개발 환경 조성을 위해 쿠다(CUDA) API를 개발해 배포했다. 이를 통해 개발자들이 일반적인 프로그래밍 언어(C, C++, Python 등)로 GPU를 쉽게 활용할 수 있도록 지원하며, 연구자와 기업이 GPU의 성능을 더욱 효율적으로 활용할 수 있는 기반을 마련했다. 엔비디아는 이와 함께 자율주행, 의료, 금융 등 다양한 산업에 최적화된 소프트웨어 및 라이브러리를 제공하고, 개발자 커뮤니티를 적극적으로 지원하며 GPGPU 생태계의 확장과 혁신을 유도했다. 이를 통해 단순한 API 제공을 넘어 광범위한 개발 생태계를 구축하게 되었다. 엔비디아 쿠다(CUDA)는 2024년 기준, 5백만 명 이상의 개발자와 4만 개 이상의 기업이 활용 중인 개발 플랫폼이자 생태계로서, 지난 18년간 축적된 데이터와 라이브러리 등을 통해 현재까지도 수많은 개발자들이 로그인되어 있다.

엔비디아는 2010년대 초반부터 쿠다를 기반으로 본격적으로 기업용 데이터 센터 시장에 진출했다. 이러한 과정에서 집중적으로 내재화한 역량 중 하나가 네트워크 기술이다. 기업용 데이터 센터에서는 대규모 컴퓨팅 수요를 처리하기 위해 GPU 클러스터와 함께 초고속 네트워크 기술이 필수적으로 요구된다. 엔비디아는 기업용 데이터 센터 시장에서의 경쟁력 강화를 위해 네트워크 설루션 보유 기업 멜라녹스(Mellanox)와의 협력을 강화했다. 엔비디아의 초기 AI 서버에 멜라녹스의 인피니밴드(InfiniBand) 설루션을 활용하면서 기술의 우수성을 검증했고, 2019년에는 멜라녹스를 인수하기에 이르렀다. 쿠다 생태계를 바탕으로 네트워크 기술 확보를 통해 GPU가 중심이 되는 데이터 센터 환경을 구축한 것이다. 엔비디아는 시장 변화에 대한 기민한 대응을 통해 AI 데이터 센터 시장을 빠르게 장악했다. 웰스 파고(Wells Fargo & Company Research)에 따르면 2023년 기준 엔비디아의 AI 데이터 센터용 GPU 점유율은 98%로, 사실상 독점적 지위를 차지하고 있다.

그러나 엔비디아의 독점점 지위가 지속적으로 유지될 가능성은 높지 않다. 이는 데이터 센터가 직면한 에너지 이슈와 시장에서의 탈(脫)엔비디아 흐름 때문이다. 빅테크 기업은 AI 데이터 센터에 투입되는 비용에 부담을 느끼고 있으며, 과도한 전력을 소비하는 엔비디아 반도체의 대안을 찾으려고 노력하고 있다. 최근 들어 브로드콤이 엔비디아의 대안으로 부상하고 있는 이유다. 브로드콤은 네트워크 반도체 설계 및 설루션 제공 기업으로, 데이터 통신 관련 독보적인 기술력과 관련 IP를 보유하고 있다. 특히 AI 데이터 센터같이 초고속 네트워킹이 요구되는 환경에서 데이터 전송 및 전력 효율성을 높이는 SerDes(Serializer/Deserializer, 직렬화/병렬화) 기술을 통해 데이터 센터 시장의 중심축으로 성장하고 있다. 이러한 기술력을 바탕으로 브로드콤은 구글뿐만 아니라 메타, 바이트댄스(ByteDance) 등 다양한 빅테크 기업과 AI 반도체 설계 협력을 확대하고 있다. 엔비디아와 함께 스케일링 법칙의 수혜를 받은 대표적인 기업 중 하나로, 네트워크 및 병렬·분산 처리 기술이 중요해진 기업용 데이터 센터 시장에서 20년 이상 축적된 네트워크 기반 기술을 기반으로 시장 기회를 적극적으로 포착한 사례다. 다만 브로드콤은 기업 고객의 요구에 따라 맞춤형 반도체를 설계하는 ASIC(Application-specific integrated circuit, 주문형 반도체) 기업으로, 범용 반도체를 설계하는 엔비디아와 비교해 산업의 규모화 실현에는 한계가 있다.

데이터 센터 산업

AI 데이터 센터 인프라 기업도 반도체 경쟁 시대에서 기회를 맞이했다. 데이터 센터 관련 산업은 2010년대 클라우드 확산에 이어 2020년대 AI 붐으로 인해 제2의 호황기를 맞이하고 있다. 시장 조사 기관인 포천 비즈니스 인사이트(Fortune Business Insight)에 따르면 데이터 센터 시장은 2024년 2,427억 달러 규모에서 2032년 5,848억 달러 규모로 성장할 것으로 전망된다. 이처럼 폭발적인 시장 성장이 전망되는 데이터 센터 시장에도 성장 저해 요인은 존재한다. 바로 높은 소비 전력과 발열 이슈다. 데이터 센터는 엄청난 전력을 소비한다. 국제에너지기구(IEA, International Energy Agency)에 따르면 글로벌 데이터 센터 전기 소비량은 2022년 기준 460TWh에서 2026년에는 1,050TWh로 2배 이상 증가할 것으로 전망된다. 데이터 센터의 높은 전력 소비 및 운영 비용은 AI 기반 서비스의 사업화에 큰 걸림돌로 작용한다. 이러한 문제를 해결하기 위해 다양한 기업들이 설루션을 개발하고 있다. 슈나이더 일렉트릭은 전통적인 전력 관리 및 자동화 관련 기업으로, AI 데이터 센터 구축 및 운영 관련 설루션을 제공하는 대표적인 기업이다. 최근에는 AI 데이터 센터 냉각 설루션 보유 기업인 모티브에어(Motivair)의 인수 등을 통해 시장 지배력을 강화하고 있다. 적극적인 수직 계열화를 통해 AI 데이터 센터 관련 통합 설루션을 제공하는 기업으로 거듭나고 있다.

AI 데이터 센터 및 전력 수요 증가에 대응해 전통적인 화석 연료 기업들도 데이터 센터 인프라 공급자로서 발전 사업에 진출하고 있다. 화석 연료 기업들은 다수의 자체 유전 · 가스전을 보유하고 있어 별도의 전력망이나 파이프라인 없이도 데이터 센터 근처에 발전소를 건설해 직접 전력을 공급할 수 있다. 기존 발전 사업자에 비해 전력망이나 파이프라인 건설에 투입되는 비용을 절감할 수 있기 때문에 사업성 확보가 수월하다. 이러한 이점을 바탕으로 직접 발전소를 건립하고 운영하려는 석유 기업들이 나타나고 있다. 미국 최대 화석 연료 기업인 엑슨모빌(ExxonMobil)이 대표적인 기업이다. 엑슨모빌은 2025년 1월 탄소 포집 저장(Carbon Capture and Storage) 기술을 활용한 천연가스 발전소 건설 계획을 공개했다. 데이터 센터를 위해 전력만을 공급하는 것이 아니라, 지속 가능한 데이터 센터 운영을 위해 친환경 설루션을 제공하는 것이 핵심 경쟁력이다. AI 데이터 센터의 폭발적인 전력 수요 증가에 따라, 자체 발전 인프라를 보유한 화석연료 기업들이 전력 공급자로서 새로운 사업 기회를 창출하고 있다.

데이터 센터 산업은 자본 집약적 투자와 함께 고도화된 운영 관리, 에너지 효율성 극대화 등이 요구되는 첨단 고부가가치 산업이자, AI 구현을 위한 핵심 인프라를 구축하는 산업이다. 우리나라도 이러한 데이터 센터의 중요성을 인식하고, 정부 주도로 AI 데이터 센터 투자를 확대하고 있다. 막대한 자본이 투입되는 데이터 센터의 특성을 고려하여 민관 합작 형태의 국가 AI 컴퓨팅 센터 구축 사업을 추진하고 있다. 국가 차원의 전략적 AI 인프라 구축을 통해 향후 AI 주권 확보 및 글로벌 서비스 경쟁력 제고를 위한 핵심 기반이 될 것으로 기대된다.

03
AI 다이어트로 돈 버는 기업, 래블업

AI 모델을 직접 만들지 않고도 돈을 버는 기업이 있다. 'AI 다이어트'라는 독창적 전략으로 GPU 비용을 줄여 주는 인프라 플랫폼 기업인 래블업 이야기다. 복잡한 기술을 다루지만, 철학은 분명하다. 'AI를 더 쉽고 싸게, 모두에게' 공급한다는 비전을 갖고 있다. 오픈 소스와 구독 모델을 결합한 이들의 비즈니스는 이미 국내외에서 성과를 내고 있으며, '숨은 AI 강자'로 평가받고 있다. 이제는 글로벌 시장을 향해, 더 큰 도약을 준비 중이다.

AI와 난임 극복?

인공지능 시대다. 언론엔 하루가 멀다 하고 AI 기사가 나온다. AI라는 말이 처음 등장한 건 1956년 여름이다. 당시 미국 뉴햄프셔주 다트머스 대학교에서 열린 학술 콘퍼런스에서 AI(Artificial Intelligence)라는 용어가 처음 등장했다. 이 콘퍼런스를 주최한 사람이 AI의 아버지라고 불리는 존 매카시(John McCarthy)다.

사실 AI가 사람처럼 생각한다는 개념은 1956년 이전에도 있었다. 잉글랜드 출신의 컴퓨터과학의 선구자로, 수학자, 암호학자, 논리학자인 앨런 튜링(Alan Mathison Turing, 1912~1954)이 만든 '튜링 테스트'가 그것이다. '튜링 테스트'는 기계가 사람처럼 생각할 수 있는지를 테스트하는 것이다. 튜링은 제2차 세계대전 당시 암호를 해독하려고 '튜링 테스트'를 만들었고, 이는 영국이 독일을 꺾고 전쟁에서 승리하게 한 결정적인 기여를 했다.

AI의 나이는 70살(?)을 앞두고 있다. 그동안 두 번의 겨울(침체기)이 있었다. 현재 세 번째 붐(Boom)을 맞고 있다. 세 번째 붐을 맞게 된 이유는 이전과 달리 엄청난 컴퓨팅 파워와 엄청난 양의 데이터가 있기 때문이다. 여기에 2017년 구글이 발표한 AI 기술 어텐션(Attention)이 기폭제가 됐다(논문 'Attention Is All You Need'). 오픈AI의 챗GPT와 중국의 딥시크 모두 이 어텐션을 기반으로 만들었다.

우리나라에서 AI가 일반인에게 익숙하게 된 것은 2016년 3월 이세돌 9단과 구글의 AI '알파고'의 바둑 대결 때문이다. 당시 알파고는 이세돌 9단을 4대 1로 이겼고, 우리나라를 비롯해 전 세계는 가장 창의적 게임이라는 바둑을 AI가 이긴 것에 크게 놀랐고, AI의 창의성에 대한 논란이 일었다.

이후 우리 정부는 AI 세계 강국을 비전으로 내세우며 여러 정책을 내놓았다. 우리나라에는 AI 소프트웨어를 개발해 갖고 있는 기업('AI 기업')이 몇 개나 될까? AI 주관 부처인 과기정통부에 따르면 2500곳 정도 된다. 'AI 바우처'라는 사업이 있다. 우리 정부가 AI 산업 활성화를 위해 시행하는 정책 중 하나다. 이 사업에 참여하려면 상기한 'AI 기업'임을 과기정통부 산하 공공 기관인 정보통신산업진흥원(NIPA)에 등록해야 한다. 여기에 등록한 기업이 약 2500곳이다.

이들 중 영업 이익을 내고 있는 AI 기업은 몇 곳이나 될까? 챗GPT를 만들어 세계적으로 AI 기업 대명사가 된 오픈AI는 이익을 내고 있을까? 오픈AI는 창립(2015년 12월 11일) 이래 계속 큰 적자다. 미국 유명 경제 전문 매체 블룸버그에 따르면, 오픈AI의 올해 매출은 127억 달러(약 19조 원)에 달할 전망이다. 작년(37억 달러)보다 3배 이상 많고, 매출 향상 속도도 가파르다. 그럼에도 오픈AI는 여전히 수년간 큰 폭의 적자를 기록하고 있다. 첨단 AI 시스템을 개발하기 위한 데이터센터와 칩, 인건비에 막대한 비용을 지출하고 있기 때문이다. 산업계와 투자계는 오픈AI가 흑자로 전환하는 시점을 2029년 이후로 보고 있다.

세계 최고 AI 국가인 미국에서는 흑자 AI 기업이 상당수 있다. 대표적인 곳이 2003년 창립한 팔란티어(Palantir)다. 창업 초기에는 정보 · 방위 분야에서 시작, 기업용 데이터 · AI 플랫폼으로 영역을 확장하며 승승장구하고 있다. 미국을 비롯해 전 세계 주식 투자자들의 뜨거운 관심을 받고 있다.

래블업

한국도 소수지만 AI 기업 중 돈을 버는 기업들이 있다. 대표적인 곳이 래블업(Lablup)이다. 2005년 설립된 래블업은 GPU 같은 반도체 칩을 효율적으로 사용하도록 돕는 소프트웨어인 백엔드닷AI를 개발, 시장에 공급하고 있다. AI 시대를 맞아 GPU 같은 반도체 칩을 사용하는 기업과 기관, 연구소, 대학이 늘고 있다. 그런데 이

GPU 값이 싸지 않다. 그래서 '효율적'으로 사용하는 것이 중요하다. 흔히 AI 칩이라고 부르는 AI에 최적화된 칩(반도체)은 학습용의 경우, 미국 엔비디아가 시장의 80% 이상을 장악하고 있다. 반면 추론 칩용 시장은 아직 절대 강자가 없어 엔비디아를 비롯해 여러 기업이 치열한 선점 경쟁을 벌이고 있다. 래블업은 AI 개발 과정에서 GPU 효율을 90% 이상 높일 수 있다는 장점을 앞세워 국내외 시장을 공략하고 있다.

1880년대 미국 '골드러시' 시대에 돈을 번 곳은 금광을 캐는 광부가 아니었다. 이들에게 장비(곡괭이와 청바지)를 빌려준 곳이었다. '골드러시'는 1848년 미국 캘리포니아에서 금광이 발견되자 미 전역에서 수많은 사람들이 이곳에 몰려든 것을 말한다. 래블업도 비슷하다. 직접 AI 모델을 개발해 서비스를 제공하지는 않지만, AI 모델이나 서비스 기업에 소프트웨어와 컨설팅을 제공, AI 비용을 낮춰줌으로써 매출을 올리고 있다.

설립자는 신정규 대표 겸 최고경영자(CEO)다. 신 대표는 래블업을 일컫어 "AI 인프라 매니지먼트 플랫폼 기업"이라고 말한다. 세계적으로 이런 종류의 회사가 몇 곳 안 된다. 신 대표는 "특히 래블업은 운용 체계(OS)까지 다루는데, 세계적으로 드물다"라고 강조한다. 래블업의 주력 제품(소프트웨어)은 백엔드닷AI다. GPU 같은 반도체 칩을 효율적으로 사용하도록 돕는 소프트웨어다. AI 개발 과정에서 GPU 효율을 90% 이상 높일 수 있다고 회사는 말한다.

즉, 래블업은 기업, 기관, 연구소가 인공지능을 사용할 때 보다 저렴하게 사용해 주는 기술과 설루션, 컨설팅을 제공해 돈을 벌고 있다. 고객의 AI 사용 과정을 분석, AI 사용 비용을 절감해 주는 것이다. AI 사용 시 군살을 제거하는, 일종의 'AI 다이어트' 기업이다. 이 비즈니스 모델로 최근 몇 년간 수십 억대 매출을 올렸다. 필자와의 인터뷰에서 신 대표는 "2020년부터 매년 흑자를 기록하고 있다"라고 밝혔다. 신 대표는 포항공대 박사 출신이다. 본인이 연구실(랩)에서 연구를 하면서 AI 등 인프라 부족을 절감, 이 문제를 해결해 주겠다며 래블업을 설립했다. 회사 이름 래블업은 연구소(랩) 환경을 개선해(업) 준다는 의미다. 설립은 2015년 4월이다. '인공지능 확장을 돕자(Make AI Scalable)'는 것이 주요 비전이다. 회사 창업은 신 대표를 포함해 세 명이 했다. 회사 최고기술책임자(CTO)를 맡고 있는 김준기 님(래블업은 직원들 이름에 님을 붙이는 문화다)과 연구소장을 맡고 있는 박종현 님이 공동 창업자다. 김준기 CTO는 카이스트(KAIST)

에서 전산학으로 학사, 석사, 박사 학위를 받았다. 김 CTO가 연구실에서 주로 하던 일이 GPU와 네트워크를 사용해 가속화하는 일이었다.

박종현 기술연구소장은 포항공대에서 생물 물리학으로 박사 학위를 받았다. 창업자 세 명 모두 박사 출신이다. 신정규 대표는 학부 전공을 물리학과 컴퓨터공학 두 개를 했고, 석사는 복잡계 과학을 전공했다. 복잡계는 비선형계고, 거의 대부분이 수학이다. 박사 학위는 복잡계 뇌과학에 계산신경과학 분야로 받았다.

1981년생인 신 대표는 래블업을 창업하기 전 보안 기업 공동 창업으로 약 10개월간 일한 경험이 있다. 당시 오픈 소스 활동을 열심히 했다. 래블업 창업 당시 콘셉트는 이랬다. "대학 등 연구소의 AI연구 과정을 가속화해주고 싶었어요. 연구실에서 실험한 걸 상용화하려면 많은 시간이 걸립니다. 연구하는 사람들이 만든 게 시장에 빨리 나오게 해주자는 게 창업 당시 목표였죠. 시작은 그랬고, 아이템은 AI로 정했습니다. 내가 신경과학을 전공했는데 당시 AI가 크게 발전할 것이라는, AI의 발전 속도를 봤어요. 요새는 딥 러닝이라고 하지만 당시는 그냥 뉴럴 넷(신경망, Neural Network)이라고 했습니다. 퍼셉트론과 인공 신경망을 만드는 거였죠. 계산신경과학 분야가 빅데이터나 슈퍼컴퓨팅보다 컴퓨팅 파워를 더 많이 씁니다. 앞으로 계산이 폭발할 거고, 그러면 자연히 GPU 부족이 문제가 될 거라고 예상했습니다."

래블업은 2000곳이 넘는 국내 AI 설루션 기업 중 유일하게 AI 인프라 회사라고 말한다. 아직 세컨드 플레이어(두 번째 기업)가 없다는 것이다. 왜 그럴까? 래블업에 따르면, 일단 기술 난이도가 높다. 사실 시장에서 팔리는 칩(반도체)들은 버그가 없는 게 거의 없다. 엔비디아 칩도 마찬가지다. 하드웨어 칩의 경우, 때로는 버그가 있는 채 출시되기도 한다. 이걸 나중에 마이크로코드를 패치하거나, 펌웨어를 패치해 해결한다. 버그가 있는 칩(반도체)이 판매되기도 하는데, 이걸 해결하려면 기술 수준이 높아야 한다. 실제 사례도 있다. 국내 한 대기업이 엔비디아 칩을 초기 물량으로 많이 구매했는데 버그가 있었다. 이걸 해결해 준 회사가 래블업이었다.

래블업은 후발 기업과 자사와의 격차를 얼마로 보고 있을까. 신 대표는 "시간적으로 4년 정도 앞서 있다"는 입장이다. 이를 계속 유지해 나가는 것이 래블업의 1차 목표다. 기술보다 더 중요한 게 있다. 바로 '경험'이다. AI 기술(강화 기술) 자체도 시도와 실패를 수차례 반복 경험하며 기술이 좋아지는 특성이 있다. 래블업은 그동안 지속적으로 큰 기업과 'AI 다이어트' 경험을 쌓아 와 후발 주자가 래블업을 추월하기 힘들 것으로 보고 있다.

지난해 래블업은 55억 원의 매출을 올렸다. 영업 이익은 10억 원 수준이었다. 2019년 엔터프라이즈 설루션 출시를 기점으로 수익화에 나섰는데, 이후 1년 만인 2020년에 손익분기점(BEP)을 넘었다. 2020년 이래 흑자 경영을 이어 오고 있다. 비즈니스 모델은 IT 업계에서 유행하고 있는 구독형(서브스크립션)이다. 매월이나 매 분기 단위로 과금하는 방식이다. 래블업은 GPU 한 장당 150만~600만 원의 이용료를 과금한다. 올해 매출 목표는 100억 달성이다.

래블업은 어떻게 돈을 벌까? 신 대표의 말을 들어 보자. "고객이 우리에게 요청하는 건 이렇다. 지금 AI에 100원을 쓰고 있는데 10원을 줄이는 방법을 찾아 달라고 한다. 이때부터 우리 고민은 시작된다. AI 비용 10원을 줄이는 방법은 다양하다. 사용률을 높일지, 아니면 전력 사용을 줄일지 등 여러 접근법이 있다. 우리가 컨설팅 회사는 아니지만, 컨설팅 회사 같은 역할도 한다. 설계에 도움을 주기도 한다."

기업의 AI 비용 절감을 소프트웨어적으로 녹여 낸 제품이 래블업이 선보인 '백엔드닷AI'다. GPU의 활용성

(Utilization)을 올려 주는 제품이다. 여러 가지 방법을 사용한다. 가령 전력 문제가 있는 경우, 워크 로드(work road)를 최대한 분산해 각 GPU가 쓰는 전력을 한곳에 집중되지 않게 한다. 반면 전력 문제가 없으면, 최대한 한곳에 모으도록 한다. 전력 문제가 있는 경우, 그 반대로 지원하는 등의 동작을 커스텀해서 지원한다.

이렇게 되면 발열이 한곳에서 많이 발생하지 않아 냉방 시설과 공조 장치에 들어가는 비용을 줄일 수 있다. 워크 로드를 분산하면 대신 속도가 느려진다. 네트워크를 많이 타는데, 적절히 퍼뜨리면, 냉방이나 공조 유지비를 낮추고, 네트워크 비용도 절감할 수 있다. 래블업은 직접 모델 서빙(제공)이나 클라우드 서비스를 하지 않는다. 하지만 몇십억 원 정도의 GPU를 구입해 평촌 IDC에서 테스트팜(Testfarm)용으로는 운영하고 있다.

래블업은 2017년 11월 처음으로 개발한 자사 설루션 '백엔드닷AI'를 오픈 소스 형태로 공개했다. 수천 개의 GPU 컴퓨터를 하나의 AI 클라우드처럼 사용할 수 있게 해 주는 제품이다. 이 설루션 이후 래블업은 추론 등 기능을 계속 고도화 중이다.

'백엔드닷AI'의 첫 고객은 국민대학교다. 당시 국민대 A 학과가 사용할 수 있는 GPU는 12개밖에 없었는데, 실습할 학생은 80명이나 돼 GPU 숫자가 절대적으로 부족했다. 이를 해결한 곳이 래블업이다. 래블업은 '백엔드닷AI'의 가상화 기술을 이용, GPU 12개를 80명이 사용할 수 있게 해 줬다. 백엔드닷AI의 원래 첫 이름은 소르나(sorna)였다. 영화 〈쥬라기 공원 2: 잃어버린 세계〉에 나오는 단어다. 공룡을 찍어 내는 쥬라기 공원 섬의 이름은 '누블라(nublar)'였다. '소르나'의 반대 개념이다. 누블라처럼 실제 멋있게 보이는 게 AI 모델이고, 반면 래블업 AI 제품은 소르나처럼 뒤에서 제 할 일을 하자고 해 첫 제품(설루션) 이름을 '소르나'로 명명했다. 나중에 구글 컨설턴트 조언을 듣고 '백엔드닷AI'로 이름을 바꿨다.

돈을 벌기까지

'아이 한 명을 키우려면 온 동네가 협력해야 한다'는 속담이 있다. 래블업 창립에도 여러 기관의 도움이 컸다. 2015년 창업해 처음 입주한 공간이 서울 선릉역 인근 '디캠프'다. 디캠프는 여러 은행이 출자해 만든 스타트업 보육 기관이다. 디캠프가 개최한 데모 데이에서 래블업이 우승, 입주했다. 신 대표는 이곳에서 6개월 정도 있다가 네이버가 운영하는 스타트업 보육 시설(D2SF)로 이전했다. 이어 구글이 운영하는 시설(스타트업 캠퍼스)에도

입주했다. 디캠프, D2SF, 구글 등 이름 있는 스타트업 지원 기관에서 모두 무료로 입주시켜 지원 활동을 했다.

디캠프와 D2SF 등 국내 스타트업 지원 기관이 주로 공간을 줬다면 구글은 (판매와 관련 있는) 직접적인 해외 진출 도움을 줬다. 구글이 운영하는 프로그램 중 '엑스퍼트 서밋'이 있다. 이는 세계에 있는 구글 파트너들에게 스타트업을 알리고, 지원해 주는 것이다. 이 프로그램 덕분에 미국과 홍콩, 런던에 거주하는 구글 마케팅 전문가 4명이 래블업을 방문, 마케팅 등 여러 도움을 줬다.

래블업은 금융권 보육 센터 도움도 받았다. 구글에서 1년쯤 있다가 을지로 본사 13층에 있는 하나금융의 인큐베이팅 시설로 옮겼고, 여기서 1년 정도 있었다. 그런데 이곳은 공간이 작아 선릉역(2호선) 인근으로 옮겼고, 현재는 선정릉역(9호선) 인근에 둥지를 틀고 있다. 신 대표는 "2015년 창업할 때 말한 게 있다. 5년 후인 2020년부터는 돈을 버는 회사가 된다는 거였다. 엔터프라이즈 AI 시장이 생길 테니, 2020년부터는 수익을 낼 수 있게 미리 준비를 해야 한다고 생각했는데 실제 그렇게 됐다"라고 말했다.

'열흘 붉은 꽃은 없다(화무십일홍)'는 속담이 있다. 빛이 있으면 어둠도 있다. 래블업도 어려운 시절이 있었다. 특히 코로나 때 그랬다. 2015년 회사 설립 2년 후인 2017년, 오픈 소스 형태 '백엔드닷AI'를 출시하고, 상용화(유료) 버전인 '엔터프라이즈 버전'도 출시하려고 했는데 코로나가 터졌다. 준비하고 있던 미국 진출도 물거품이 됐다. 이에 래블업은 눈을 국내로 돌렸고, 다행히 국내에 수요가 있었고, 이후 차곡차곡 성장 곡선을 그리고 있다.

회사의 의미 있는 수요 기업 1호는 모 전자 대기업이다. 이곳은 AI 칩을 1만 명 이상이 쓴다. 래블업의 엔터프라이즈 제품(유료)과 오픈 소스 제품(무료)은 코어가 같지만 차이가 크다. 엔터프라이즈 버전은 GPU 및 네트워크 가상화와 함께 관리용 인터페이스가 따로 있다. 이를 통해 어떤 조직이 AI 칩을 얼마나 썼고, 또 데이터와 관련해 누가 어떤 권한을 갖고 있는지, GPU를 언제 누구에게 얼마만큼 할당할지 등을 알 수 있다.

신 대표는 스스로 래블업을 'AI 인프라 매니지먼트 플랫폼'이라면서 "세계적으로도 의미 있는 기업은 다섯 곳이 채 안 된다. 우리처럼 운용 체계(OS) 레벨까지 내려가는 회사는 드물다"라고 들려줬다. 래블업이 잘나가면서 한때 글로벌 기업이 인수 제의를 하기도 했다.

신 대표는 래블업 기술이 쉽지 않다면서, 특히 OS 위에서 드라이버나 커널 가상화를 해야 하는데 이게 어렵다면서 "우리도 일찍 사업을 시작을 했기에 문제점들을 미리 찾고 연구할 수 있어서 시간적 이점이 있었고, 이것 덕분에 문제를 해결할 수 있었다"라고 회고했다. 클라우드 회사들도 래블업 고객인데, 래블업의 '약점'도 있다. 클라우드 분야 대세인 '쿠버네티스'를 안 쓴다. 쿠버네티스를 쓰면 속도가 다소 떨어지기 때문이다.

신 대표는 작년에 이어 올 1월에도 미국 라스베이거스에서 열린 '소비자 가전 전시회(CES)'에 참가했다. 특히 올해는 작년처럼 스타트업들이 모인 한국관이 아니라 AI관에 참여, 의미를 더했다.

올 1월 중국 AI 스타트업이 오픈 소스형 AI 모델 '딥시크'를 론칭, 세계를 발칵 뒤집어 놓았는데, 래블업도 오픈 소스를 강조한다. 기능 업데이트 등에서 시장 감각을 잃지 않는 데 오픈 소스가 도움이 되기 때문이다. AI는 기술과 시장이 변화 속도가 빨라 시장과 고객이 원하는 제품을 적시에 공급하려면 오픈 소스가 유리하다는 게 신 대표 생각이다. 그는 대학 때부터 오픈 소스 활동을 했다. 당시에는 한국에서 오픈 소스를 직접 시작하고 개발하는 커뮤니티가 많지 않았다. 래블업에는 신 대표 외에 유명한 오픈 소스 활동가들이 많이 있다. 리브레오피스(LibreOffice, 무료이자 오픈소스인 오피스 소프트웨어 제품군. 마이크로소프트 오피스 대안으로 많이 사용한다) 한국을 담당하는 사람도 있고, FreeBSD(오픈소스로 자유롭게 배포되는 유닉스 계열 OS) 컨트리뷰터도 있고 CTO는 파이선(Python) 컨트리뷰터다.

래블업은 최근 백엔드닷AI에 '컨티넘(Continnum)' 기능을 추가해 공개했다. 네트워크에 문제가 생겼을 때 자체 서버에서 서비스 중단 없이 돌릴 수 있게 해 주는 기능이다. 금융 회사와 의료 기관처럼 서비스 중단이 치명적인 분야가 대상이다. 현재 베타(시범) 단계고, 하반기에 공식 론칭할 계획이다.

올해 주요 타깃 시장은 미국이다. 이를 위해 지난 1월 미국 법인 '래블업 USA'를 설립했다. 래블업의 고객사 중 브라질 고객도 있는데, 한국에서 온라인으로 지원하기 힘들어 미국에서 지원해야 한다. 래블업 고객사는 한국을 포함해 영국, 미국, 태국, 브라질에 있다. 현재 글로벌로 시험 테스트(PoC)도 진행 중이다. 미국 시장이 안정화되면 싱가포르 법인 설립을 비롯해 동남아시아 시장을 공략할 계획이다.

사업 확장을 위한 공격적인 투자도 계획하고 있다. 적자를 보더라도 글로벌 사업 확장에 총력을 기울일 생각이다. 이를 위한 자금 모금(fundraising) 계획도 세웠다. 글로벌 전략적 투자자(SI)를 중심으로 5000만 달러 정도를 모집할 방침이다. 래블업은 그동안 세 차례 투자 유치를 받았다. 카카오벤처스, LB인베스트먼트, 스톤브릿지벤처스, 대성창업투자, K2인베스트먼트, 기업은행 등이 주요 재무 투자자(FI)로 이름을 올렸다.

래블업은 직접 AI 모델을 개발하지는 않는다. 고객과 경쟁하면 안 된다는 원칙 때문이다. 신 대표는 "삼성전자, KT, LG전자 같은 AI 모델 보유 기업부터 KT클라우드 등 클라우드 기업까지 다양한 고객군이 있다"면서 "고객사 조언과 기술 연구, 내부 사용을 위해 자체 인프라로 AI 모델을 만들기는 하지만 공개는 하지 않는다. 창업 모토가 'Make AI Accessible'이다. AI 기반 기술부터 모든 것에 다 접근 가능하게 해 주겠다는 게 우리 회사 슬로건"이라고 밝혔다.

래블업은 지난 3월 엔비디아가 미국에서 개최한 개발자 컨퍼런스(GTC)에서 신제품 '업에이스'를 발표했다. 무정전 장치인 UPS 같은 기능을 AI에서 한다. 예컨대, 챗GPT를 API로 쓰다가 연결이 중단되면 못 쓰는데, 이걸 방지해 준다. 무중단으로 로컬에서 쓸 수 있게 해 주는 것이다. 제조업에서 보조 배터리 같은 역할을 하는 AI

게이트웨이 소프트웨어다.

스타트업은 인재가 중요하다. 이에 래블업은 독특한 보상 문화제를 운영 중이다. 인센티브를 구성원과 같이 정한다. 영업 이익이 나면 이익 총액의 20%를 임직원에게 N분의 1로 나눠 준다. 이익이 발생한 2020년부터 시행 중이다. 신 대표는 "이익으로 연봉의 반을 가져간 직원도 있다"며 웃었다. 래블업 직원은 2025년 6월 말 현재 40명 정도다. 채용을 계속하고 있다. 올해도 공격적으로 할 예정이다. 원하는 인재상에 대해 신 대표는 웃으며 "고생을 두려워하지 않는 직원"이라면서, "말이 이상하긴 한데, 고생이라는 게, 도전적인 과제를 해결하는 데 관심이 있는, 이런 걸 좋아하는 사람을 말한다"라고 했다.

래블업은 매일 전 직원 미팅을 오전 10시부터 15분 정도 한다. 이름이 '올핸즈(All-Hands)'다. 요일마다 회의 주제가 다르다. 가령 월요일은 회사 전체를 테마로, 화요일은 개발 팀, 수요일은 마케팅, 목요일은 세일즈, 금요일은 연구 팀이 각각 회의를 주관한다. 각 부서가 돌아가며 회의를 이끄는 방식이다. 코로나 이후인 2022년부터 계속하고 있다.

재택 근무제도 시행하고 있다. 직원이 자유롭게 재택

과 오프라인 근무를 선택, 적용할 수 있다. 보통 반 정도가 재택을 한다고 신 대표는 귀띔했다. 재택하고 싶으면 재택, 사무실에서 일하고 싶으면 사무실에서 하면 된다. 재택이든 사무실이든 100% 본인들이 결정한다고 신 대표는 들려줬다.

래블업의 직원은 40명 정도인데, 아직 성장통은 없다고 신 대표는 말했다. 래블업의 해외 경쟁사는 리스케일(Rescale)이라는 미국 회사다. 매출이 조 단위의 상장사다. 비상장사 중에는 클리어ML(ClearML)이라는 미국 기업이 있고, 런AI(Run:AI)라는 이스라엘 회사가 있는데, 런AI는 최근 엔비디아가 인수했다.

신 대표의 비전과 꿈은 '돈'이 아니다. "돈은 많이 못 벌어도 상관없을 것 같다. 대신 우리가 만든 오픈 소스를 보다 많은 사람이 썼으면 좋겠다. 현재 세계적으로 20여만 명이 사용하는데, 한 10억 명이 썼으면 좋겠다. AI를 한다면 래블업 제품(오픈 소스)부터 쓰는, 이런 날을 빨리 만들고 싶다"며 웃었다.

신 대표는 어릴 때부터 컴퓨터를 좋아했다. 초등학교 3학년 처음 시작했고, 본격적으로 배운 건 초등 4학년 때부터다. 당시 컴퓨터 학원이 동네에 많았다. 정부가 세계에서 컴퓨터를 제일 잘 쓰는 나라가 되자며 독려하던 시기다. 1991년도에는 정규 교과에 16비트 컴퓨터가 들어가기도 했다.

신 대표 집에 컴퓨터는 없었다. 하지만 실력은 좋아 중학교 때 구청 대표로 서울시 주최 컴퓨터 경진 대회에 나가기도 했다. 신 대표 아버지가 과학 관련 잡지를 사 왔는데, 그 잡지 부록에 컴퓨터 잡지가 있었고, 당시 그는 "세상에 이런 게 있구나!" 하며 새로운 세상에 눈을 떴다. 그러다가 초등 4학년 때 컴퓨터 학원에 갔다. 당시 동네마다 컴퓨터 학원이 있었고, 학원에서 열심히 하면 게임을 시켜 줬다. 이게 좋아 컴퓨터를 많이 사용하곤 했다.

신 대표는 '빵빵(00, 2000) 학번'이다. 고등학교는 한영외고를 나왔다. 졸업(8회) 당시 한영외고 3학년 300명 중 4명만 공대를 갔는데, 신 대표도 그중 한 명이다. 원래 물리학을 좋아했다. 과학고를 안 가고 외고를 간 건 '독일어'를 배우고 싶었기 때문이다. 신 대표 취미가 초등학교, 중등, 고등학교 때 클래식 듣기였고, 어머님이 클래식 듣기를 좋아했다. 그래서 클래식 하면 독일이었고, 독일어에 꽂혔다. 하지만 정작 외고 학과는 영어과였다.

지금은 음악 취향이 바뀌어 클래식보다 월드 뮤직(각

나라의 대표 음악)을 좋아한다. 신혼여행을 터키로 갔는데, 그때 터키 유행가가 너무 좋았고, 그때부터 월드 음악에 관심을 갖게 됐다. 외고에서 내신이 안 좋아 포항공대를 갔는데, 포항공대는 당시 내신을 안 봤다. "초등학교와 중학교 때 물리를 좋아했다. 외고 영어 반에 갔는데, 외국에서 살다 온 학생들이 있는 등 영어를 잘하는 동급생들이 너무 많았다. 다행히 내가 2학년 때 이과 지망생을 위한 방과 후 보충 수업이 생겼다. 처음엔 80명으로 시작했는데, 끝에는 4명만 남았다. 내가 그중 한 명이다."

래블업은 IPO(상장)도 준비 중이다. 상장은 한국과 미국 양쪽을 다 보고 있다. 우선은 국내지만 미국도 매력 있는 시장이라 스터디하며 지켜보고 있다. 일반 상장으로 갈지, 아니면 기술 특례로 갈지도 고민하고 있다.

04
데이터가 황금이 되는 시대

AI 시대의 진짜 연료는 '데이터'다. 챗GPT의 놀라운 답변, 테슬라의 자율주행, 넷플릭스의 콘텐츠 추천까지, 모두 방대한 데이터에서 출발했다. 하지만 데이터는 쌓아 두기만 해선 아무 쓸모가 없다. 독점성, 규모, 품질이 결합될 때 비로소 그것은 황금이 된다. 이 장은 데이터 수집의 기술을 넘어, 데이터를 '가치'로 전환하는 연금술의 핵심 원리를 밝힌다. 지금, 당신의 회사는 어떤 데이터를 어떻게 다루고 있는가?

AI와 사주?

"Data is the new currency!"

한때 금화가 교환의 매개체였듯, 오늘날 데이터는 디지털 경제의 기본 결제 수단이 되었다. 이 통화로 소비자는 무료 서비스를 '구매'하고, 기업은 이를 수집해 가치로 '환전'한다. 우리는 초연결 시대에 매일 이 통화를 생성하고, 교환하고, 투자한다. 누가 이 노다지의 주인이 될 것인가?

Show Me The DATA: AI가 데이터에 열광하는 이유

챗GPT의 진짜 연료는 데이터였다

2022년 11월 30일, 오픈AI가 챗GPT를 전격 공개했다. 처음에는 그저 새로운 AI 챗봇 정도로 여겨졌지만, 사람들이 대화를 나누기 시작하면서 전 세계는 충격에 빠져들었다.

챗GPT는 이전의 어떤 AI와도 달랐다. 복잡한 수학 문제를 풀고, 버그 없는 코드를 작성하고, 시와 소설을 쓰고, 역사적 사실을 분석했다. 더 놀라운 것은 그 방식이었다. 마치 숙련된 교사처럼 친절하게 설명하고, 후속 질문에도 맥락을 이해하며 대응했다.

모두가 궁금했다. 도대체 이 놀라운 능력은 어디서 나온 것일까? 그 비밀은 '방대한 데이터'에 있었다. 오픈AI는 인류 역사상 가장 방대한 디지털 지식을 모았다. 위키피디아의 모든 문서에서부터 웹사이트, 학술 논문, 전자책, 뉴스, 블로그에 이르기까지, 심지어 레딧(Reddit)의 토론과 깃허브(GitHib)의 코드까지 삼켰다. 마치 디지털 세상의 모든 지식을 읽어 버린 것과 같았다.

그러나 진정한 혁신은 그다음이었다. 오픈AI는 '인간의 피드백'이라는 새로운 데이터를 도입했다. 수만 명이 AI 답변을 평가하고 개선했다. 어떤 답변이 가장 인간다운지, 어떤 표현이 자연스러운지를 판단했다. 이를 통해 AI는 단순히 정보 전달을 넘어 '좋은 대화'가 무엇인지 배웠다.

인간 여자가 말한다: "우울해서 빵 샀어."

인간 남자가 대답한다: "무슨 빵? 빵 어디 있어?"

챗GPT가 대답한다: "많이 우울하신가 봐요. 그럴 때가 있죠. 따뜻한 차나 커피랑 같이 맛있게 즐기면서 조금이라도 기분이 나아졌으면 좋겠어요."

인간 여자가 생각한다: "챗GPT가 낫다."

AI는 실제 감정을 '이해'하지는 못하지만, 수많은 대화 데이터로 인간의 감정적 맥락에 적합한 반응을 모델링할 수 있게 되었다.

"더 주세요." AI의 끝없는 데이터 갈증

"더 많은 데이터를 주세요(Give me more data)." 이 한 마디는 AI 연구자들 사이에서 마치 주문처럼 되풀이되는 말이다. 왜 그들은 이토록 데이터의 양에 집착할까?

첫째, AI의 성능은 데이터의 양과 직결된다. 마치 운동선수가 더 많은 훈련으로 실력이 향상되듯, AI도 더 많은 데이터로 학습할수록 정교해진다. 특히 대량의 데이터는 '과적합'이라는 AI 개발의 큰 걸림돌을 해결한다. 과적합은 마치 교과서 예제는 완벽히 외웠지만 실제 시험에서 응용 문제를 만나면 무력해지는 학생과 같다. 대량의 다양한 데이터로 학습하면 AI는 단순 '암기'가 아닌, 진짜 중요한 패턴을 '이해'하게 된다.

둘째, 데이터의 양은 AI의 '이해의 깊이'를 결정한다. 같은 '괜찮아'라는 말도 상황에 따라 진심 어린 위로가 될 수도, 냉소적인 비꼼이 될 수도 있다. 이런 미묘한 차이를 AI가 이해하려면 방대한 맥락 데이터가 필요하다.

셋째, 더 많은 데이터는 AI의 '편향'을 줄인다. 2023년

버즈피드(Buzzfeed) 사가 미드저니로 94개국의 바비 인형 이미지를 생성해 기사로 발표했는데, 독일 바비가 나치 유니폼을 입고 있거나 남수단 바비가 총을 들고 있는 등의 결과물이 큰 논란을 일으켰다. 이는 AI 모델 내에 존재하는 편향과 스테레오타입을 적나라하게 보여 준 사례다.

이렇듯 충분하고 다양한 맥락의 데이터는 더 공정하고 신뢰할 수 있는 AI 모델을 만드는 핵심 열쇠다. 그런데 도대체 왜 AI는 이토록 많은 데이터를 필요로 할까? 이는 AI와 인간의 근본적으로 다른 학습 방식에서 그 원인을 찾아볼 수 있다. 인간의 뇌는 수십억 년의 진화를 거쳐 효율적인 정보 처리와 추론 능력을 갖췄다. 반면 AI는 단순한 수학적 패턴 인식에 기반해 학습한다. 이게 무슨 의미일까?

예를 들면, 인간 아이에게 '기린'을 설명한다고 가정하자. 기린을 처음 보는 네 살 아이에게 기린의 사진을 한 번 보여 주고 설명한다. "이 동물은 기린이야. 목이 길고 노란색 몸에 갈색 무늬가 있지." 이후 아이는 동물원에서 기린을 보면 즉시 알 수 있다. 인간은 단 한 번의 경험, 즉 적은 양의 데이터만으로도 새로운 개념을 학습하고 일반화한 것이 가능하다. 바로 '원샷 학습(one-shot learning)'

이다.

반면 AI는? 수천 장의 기린 사진을 봐야 한다. 아침에 찍은 기린, 저녁에 찍은 기린, 옆모습의 기린, 앞모습의 기린, 다양한 각도, 조명, 배경에서 찍은 무수한 사진이 필요하다. 바로 '멀티샷 학습(multishot learning)'이다. AI는 수많은 반복 학습을 통해서야 비로소 "아, 이런 게 기린이구나!"라고 이해하기 시작한다. 어떤가? 새삼 인간이 얼마나 월등하게 학습할 수 있는 존재인지 놀랍지 않은가?

빅테크들의 데이터 쟁탈전, 그들만 아는 진실

"공짜 치즈는 쥐덫에만 있다"는 옛말이 있다. 하지만 현대의 소비자들은 매일 이 '공짜 치즈'를 기꺼이 즐긴다. 페이스북에서 친구들과 소통하고, 구글에서 검색하고, 인스타그램에 일상을 공유하면서. 무료라고? 천만에! 우리는 매 순간 자신의 디지털 흔적을 데이터로 지불하고 있다.

이것이 바로 빅테크 기업들의 천재적인 전략이다. 그들은 '무료' 서비스를 미끼로 전 세계 수십억 명의 사용자로부터 매일 테라바이트급 데이터를 수집한다. 당신이 '좋아요'를 누를 때마다, 검색할 때마다, 동영상을 볼 때마다, AI는 더 똑똑해진다. 2025년 현재, 메타의 AI는 사용자의 다음 행동을 90% 이상 정확도로 예측할 수 있게 되었다. "더 나은 서비스를 위해"라고? 물론 맞는 말이다. 하지만 그들의 진짜 목적은 AI 개발을 위한 학습 데이터 확보다. 인수 합병 시장에서도 데이터 쟁탈전은 치열하다. 페이스북이 왓츠앱을 190억 달러에 인수했을 때 많은 이들이 고개를 갸웃거렸다. 하지만 그들은 몰랐다. 페이스북이 산 것은 메신저 앱이 아닌, 20억 명 사용자의 대화 데이터였다는 것을.

이들이 숨기고 싶어 하는 가장 큰 진실은 무엇일까? 바로 그들의 진정한 경쟁력이 서비스나 제품이 아닌, 독점적으로 확보한 데이터가 가져올 수 있는 상상할 수 없는 비즈니스 가치에 있다는 것이다.

하지만 빅테크 기업들의 진정한 야망은 더 크다. 챗GPT로 대표되는 현재의 대규모 언어 모델(LLM, Large Language Model)은 텍스트라는 한계에 갇혀 있다. 이제 그들은 인간의 모든 감각을 이해하는 '멀티모달 AI'를 향해 달려가고 있다. 인간의 모든 감각을 데이터로 학습하는 로봇과 LLM의 접목은 뛰어난 인간 수준의 인공지능인 AGI(인공 일반 지능)의 시대를 여는 서문이 될 것이라는 주장이다.

AI 시대의 승자는 이제 더 많은, 더 다양한, 더 깊은 데이터를 확보한 자가 될 것이다. 그들은 이미 알고 있다. 진정한 AI 혁명은 이제 막 시작되었고, 데이터 전쟁은 더 치열해질 것이라는 것을.

데이터의 경쟁력을 높이는 세 가지 요소

데이터에 가치를 부여하기 위해서는 단순히 많은 데이터를 쌓아 두는 것만으로는 충분하지 않다. 데이터가 기업의 경쟁력을 높이는 데 기여할 수 있는 핵심 요소를 독점성(Exclusivity), 규모(Scale), 품질(Quality) 관점에서 살펴본다.

독점성: 남들이 구할 수 없는 데이터를 가진 자가 승자다

독점적 데이터란 경쟁자들이 접근하기 어렵거나 복제할 수 없는 고유한 정보 자산을 의미한다. 2025년 현재, 단순히 '빅데이터'라는 용어는 더 이상 경쟁 우위를 보장하지 않는다. 공개 데이터 소스가 넘쳐 나는 시대에서 진정한 차별화는 특정 산업 도메인에 특화된 독점 데이터를 얼마나 잘 확보했는지에 달려 있다. 독점적 데이터의 힘은 두 가지 차원에서 발현되는데, 개인화된 소비자 데이터와 산업 특화 데이터가 그것이다.

먼저, 개인화된 소비자 데이터는 디지털 경제의 새로운 석유다. 넷플릭스는 2억 5천만 명 이상의 구독자가 언제, 어떤 콘텐츠를, 어떤 기기에서, 어떤 시간에, 어떤 속도로 소비하는지 정밀하게 추적한다. 이 개인화된 시청 행동 데이터는 단순한 장르 선호도를 넘어 "현실 도피적 판타지물을 좋아하면서도 여성 주인공이 등장하는 액션 스릴러를 주말 저녁에 몰아 보는 30대 남성" 같은 초정밀 프로필을 구축한다. 이렇게 축적된 소비자 행동 패턴은 경쟁사가 쉽게 복제할 수 없는 귀중한 자산이 된다.

산업별로는 더욱 특화된 독점 데이터의 사례가 두드러진다. 헬스케어 분야에서는 23andMe가 1,200만 명 이상의 유전체 데이터를 확보해 제약 회사들도 접근하기 어려운 질병-유전자 연관성 데이터를 구축했다.

독점 데이터의 확보는 세 가지 전략을 통해 가능하다. 새로운 시장을 '선점'하거나, 많은 사용자가 모이는 '플랫폼'을 구축하거나, 전문 기관과의 '제휴'를 통해 얻을 수 있다. 이제 경쟁의 핵심은 누가 더 많은 데이터가 아닌, 누가 더 독특하고 가치 있는 데이터를 보유하고 있느냐에 달려 있다.

규모: 임계점과 네트워크 효과

데이터 규모는 실제로 AI 성능에 여러 가지 이점을 제공하는데, 예를 들면 패턴에 대한 인식도가 정확해지고, 처음 접하는 상황에 대한 적절한 대응, 즉 일반화 능력이 향상된다. 그런데 더 중요한 점은 성능에서 현저한 개선을 보이기 위해서는 임계량이 충족되어야 한다는 것이다. 물이 섭씨 100도에서 기체로 변하듯, AI 성능도 특정 데이터양에 도달하면 급격히 향상되는 지점이 있다. AI 모델이 의미 있는 패턴을 포착하기 시작하려면 데이터가 이 특정 임계량에 도달해야 한다. 그 전까지는 성능 향상이 미미하다가 임계점을 넘는 순간 갑자기 눈에 띄게 좋아진다.

조금 더 확장해 데이터 산업에서 데이터 규모가 어떻게 작동하는지 간단히 살펴보자. 전통적인 산업에서 규모의 경제란, 생산량이 증가함에 따라 단위당 비용이 감소하는 현상을 의미한다. 데이터 경제에서도 유사한 원리가 적용되는데, 더 많은 데이터를 수집하고 처리하는 초기 비용은 높을 수 있지만, 일단 시스템이 구축되면 추가 데이터 처리 비용은 상대적으로 낮아진다. 여기서 흥미로운 현상은 '데이터 네트워크 효과'다. 일반적인 네트워크 효과가 "사용자가 많을수록 가치가 커진다"는 개념이라면, 데이터 네트워크 효과는 "사용자와 데이터가 함께 증가할수록 가치가 기하급수적으로 커진다"는 것이다.

이것이 디지털 시장의 '승자독식' 현상을 만든다. 챗GPT처럼 초기에 사용자를 많이 확보한 기업은 더 많은 데이터를 얻고, 이를 통해 제품을 개선하고, 다시 더 많은 사용자를 끌어들이는 선순환에 들어간다. 결국 데이터의 규모는 후발 주자가 넘기 힘든 거대한 진입 장벽이 되는 것이다.

데이터의 규모는 모델의 성능에 기여하는 것 말고도 데이터 경제에서 새로운 패권을 형성하게 된다.

품질: 쓰레기 데이터로는 금을 만들 수 없다

"More data ≠ better insights"(더 많은 데이터가 더 나은 인사이트를 의미하지 않는다)라는 말이 있다.

고품질 데이터는 기본적으로 다음 네 가지 핵심 특성(정확성, 일관성, 완전성, 적시성)을 갖춰야 한다고 말한다. 이를 일상적인 비행기 여행의 예로 설명해 보자.

당신은 홍콩을 경유해서 호주 멜버른으로 가는 비행기를 타야 한다. 영문 이름이 잘못 입력되어 체크인을 할 수 없다면? 이는 정확성 문제다. 데이터는 정확해야 한다.

예약 확정서에는 미국식 날짜 표기(09/10/2025)를, 항공권에는 유럽식 표기(10/9/2025)를 사용한다면? 이는 일관성 이슈다. 시스템 전체에서 데이터의 형식과 구조는 일관되게 표현되어야 한다. 데이터의 일관성에 해당하는 부분이다.

홍콩 경유와 짧은 환승 시간 정보가 누락되었다면? 이는 완전성의 부재다. 필요한 데이터는 빠짐없이 있어야 한다.

비행기가 세 시간 지연되었는데 여행사 앱이 여전히 정시 출발을 표시한다면? 이는 적시성 문제다. 데이터는 최신 상태를 유지해야 한다.

이처럼 데이터 품질은 일상의 작은 결정에서부터 기업의 중요 의사 결정에 이르기까지 모든 영역에 영향을 미친다.

데이터 연금술의 세 가지 요소(독점성, 규모, 품질)는 독립적이 아닌 상호보완적 관계다. 테슬라의 자율주행 데이터가 가치 있는 이유는 독점적이면서도 품질이 높기 때문이다. 아무리 방대한 데이터라도 품질이 낮으면 가치가 크게 감소한다.

흥미롭게도, 품질 관리는 독점성과 규모도 함께 향상

한다. 품질 높은 데이터는 경쟁사가 쉽게 복제할 수 없는 인사이트를 제공하고(독점성 강화), 불필요한 노이즈를 제거해 데이터 확장 효율성을 높인다(규모의 효율성).

05
글로벌 데이터 연금술사들의 레시피

각 산업의 최전선에서 데이터 기반 혁신을 선도하는 기업들이 있다. 테슬라는 무작위 실생활 주행 데이터를 통해 자율주행 기술을 진화시키고, 넷플릭스는 시청자의 선택 패턴까지 분석해 스토리텔링을 혁신한다. 월마트는 오프라인 유통의 한계를 데이터로 돌파했고, GE는 항공 엔진 데이터를 활용해 '비행 시간당 과금'이라는 전혀 새로운 비즈니스 모델을 만들어 냈다. 데이터를 '연금술의 재료'로 활용할 수 있는 기업만이 AI 시대의 진정한 승자가 될 수 있다. 데이터로 수익을 창출하는 글로벌 기업들의 레시피를 살펴본다.

AI와 아이돌?

오늘날 기업들은 클릭, 검색어, 구매 이력, 심지어 마우스 움직임까지 모든 데이터를 샅샅이 수집하고 있다. 그러나 진정한 승자는 이 데이터를 캐는 기업이 아니다. 수집한 데이터가 쓰레기가 될지, 노다지가 될지는 이것을 대하는 기업의 손에 달려 있다. 데이터 연금술의 성공은 명확한 전략, 단계적 실행, 조직 문화의 변화에 달려 있다.

빅테크의 데이터 연금술

테슬라의 집착: 자율주행 데이터 사냥의 비밀

테슬라는 2024년 10월, 캘리포니아 버뱅크 소재 워너 브라더스 스튜디오에서 열린 '위, 로봇(We, Robot)' 이벤트에서 로보 택시 '사이버캡(Cyber Cab)'을 공개했다. 이 차량은 스티어링 휠과 페달이 없는 혁신적 2인승 설계와 방대한 실시간 주행 데이터를 기반으로 한 FSD(Full Self-Driving: 자율주행 자동차 레벨 5에 해당되는 '운전자 없는 자동차 주행') 소프트웨어를 탑재해 차주들이 자신의 차량을 공유 네트워크에 등록해 수익을 창출할 수 있는 미래 모빌리티의 새로운 패러다임을 지향하고 있다. 과연 이것이 어떻게 가능해졌을까?

테슬라와 경쟁사들의 데이터 수집 전략은 뚜렷한 차이를 보인다. 테슬라는 전 세계 수백만 명의 일반 소비자가 운전하는 차량에서 자율주행 레벨 2의 오토파일럿(Autopilot: 운전자 개입 가능한 부분 자율주행) 작동 중 데이터를 수집한다. 반면 웨이모(Waymo)는 훈련된 전문 테스트 드라이버가 조작하는 소수의 특수 개조 차량으로 정보를 모은다. 즉, 테슬라는 '실생활의 무작위 경험'을, 웨이모는 '통제된 환경의 체계적 테스트'를 통해 기술을 발전시키고 있다. 데이터의 다양성에서도 테슬라의 전략은 다르다. 예를 들면, 웨이모와 제너럴 모터스(GM)의 크루즈는 주로 샌프란시스코, 피닉스 같은 특정 도시 환경에서 데이터를 수집하는 반면, 테슬라 차량은 북미, 유럽, 아시아 등 다양한 지역의 도로 환경, 날씨 조건, 운전 습관에 관한 데이터를 축적하고 있다.

테슬라는 '그림자 모드(Shadow Mode)'라고 불리는 시스템을 통해 2016년부터 오토파일럿 기능이 작동하지 않을 때도 백그라운드에서 주행 데이터를 수집하고 있다. 테슬라의 데이터 수집은 단순한 영상이나 센서 정보에 그치지 않는다. 운전자의 개입 순간, 즉 오토파일럿에서 수동 운전으로 전환하는 순간의 데이터는 특히 귀중하다. 테슬라는 이를 '에지 케이스(edge case)'라고 부르며, 이러한 예외적 상황 데이터를 집중적으로 분석해 자율주행 시스템을 개선한다.

테슬라의 데이터 전략이 진정으로 빛나는 지점은 데이터의 '수집→학습→배포'의 선순환 구조를 지향하고 있다는 데 있다. 전 세계 수백만 대의 테슬라 차량이 실시간으로 수집하는 방대한 주행 데이터는 테슬라가 자체 개발한 도조(Dojo) 슈퍼컴퓨터의 강력한 연산 능력을 통해 FSD 알고리즘을 끊임없이 진화시킨다. 이렇게 개선된 알고리즘은 다시 모든 테슬라 차량에 무선 업데이트로 배포되어 더 정교한 데이터를 수집하게 만든다. 물론 테슬라 역시 중국에서의 데이터 수집과 처리 등 도전 과제가 있지만, 자율주행 기술 발전에서 데이터가 얼마나 중요한 역할을 하는지 명확히 보여 주고 있다.

넷플릭스의 마법: 시청 데이터가 만드는 수익 방정식

여러분은 VCR 비디오 테이프로 영화를 빌려 보던 시절을 기억하시는가? 오늘날 글로벌 콘텐츠 스트리밍 거인으로 알려진 넷플릭스는 사실 빨간 봉투에 담긴 DVD를 우편으로 배송하는 회사로 시작했다. 2007년, 최고경영자(CEO) 리드 헤이스팅스가 "우리는 스트리밍으로 전환할 것"이라고 발표했을 때, 시장은 냉소적이었다. 넷플릭스 주가는 급락했고, 분석가들은 의문을 제기했다.

그러나 2011년, 넷플릭스는 더욱 과감한 행보를 시작했다. 자체 오리지널 콘텐츠 제작에 뛰어든 것이다. 첫 작품으로 영국 BBC의 〈하우스 오브 카드〉를 리메이크하기로 결정했다. 약 1억 달러 규모의 이 모험은 콘텐츠 제작 경험이 전무한 스트리밍 기업의 대담한 도전으로 여겨졌다. 이 결정에는 많은 요인이 작용했으리라 생각되는데, 데이터도 그중 한 요인이었다는 것을 뒷받침할 일련의 노력이 있었다. 2006년부터 2009년까지 진행된 '넷플릭스 프라이즈' 경연 대회를 통해 그들은 1억 개 이상의 영화 평점 데이터를 분석하는 기술을 확보했다. 넷플릭스는 시청 기록, 평가, 검색 정보 등을 분석한 결과, BBC 드라마 팬들이 케빈 스페이시 주연 작품과 데이비드 핀처 감독의 작품을 특별히 선호한다는 패턴을 발견했다.

2013년 2월, 〈하우스 오브 카드〉 시즌 1이 공개되었고, 넷플릭스의 첫 오리지널 드라마 시리즈는 큰 성공을 거두었다. 이 작품은 에미상 9개 부문 후보에 올랐고, 3개 부문을 수상하며 비평가들의 호평을 받았으며, 넷플릭스 구독자 성장에도 긍정적인 영향을 미쳤다. 주목할 만한 것은 넷플릭스가 모든 에피소드를 한꺼번에 공개하는 전략을 채택했다는 점이다. 이것은 당시만 해도 매우 실험적인 시도였고, 몰아 보기(빈지 워칭, binge-watching) 현상, 즉 TV 시리즈의 여러 에피소드나 시즌을 연속으로 시청하는 현상을 촉진하기에 이른다. 2013년 1분기에 전 세계적으로 300만 명의 새로운 구독자가 추가되었고, 넷플릭스의 주가는 크게 상승했다.

넷플릭스의 데이터 수집은 단순한 콘텐츠 선호도를 넘어 훨씬 더 복잡하고 세밀하다. 그들은 시청자가 어떤 장면에서 일시 정지를 누르는지, 어떤 콘텐츠를 언제 어디서 시청하는지, 한 회를 다 본 후 얼마나 빨리 다음 에피소드로 넘어가는지 등을 추적한다.

2018년, 넷플릭스는 〈블랙 미러: 밴더스내치〉라는 획기적인 인터랙티브 영화를 출시했다. 시청자가 스토리 전개 과정에서 여러 선택을 할 수 있는 이 새로운 형식은 데이터 수집의 새로운 차원을 열었다. 넷플릭스는 시청자들이 어떤 선택지를 고르는지, 어떤 경로로 스토리를 따라가는지에 대한 데이터를 수집할 수 있게 되었다. 이 정보는 향후 콘텐츠 제작과 스토리텔링 전략에 귀중한 인사이트를 제공했다.

리드 헤이스팅스는 한 인터뷰에서 "우리의 진정한 경쟁은 TV가 아니라 수면입니다"라고 말했다. 이 말은 넷플릭스가 단순히 다른 스트리밍 서비스와 경쟁하는 것이 아니라, 사용자의 시간과 관심이라는 더 넓은 자원을 두고 경쟁하고 있음을 의미한다. 이런 관점에서 시청 데이터는 사용자의 생활 패턴과 습관을 이해하고, 그들의 시간을 더 많이 확보하기 위한 필수적인 자원이 되었다. 이제 넷플릭스의 사례는 단순히 스트리밍 업계를 넘어 모든 데이터 기반 기업에 영감을 주고 있다.

전통 기업의 데이터 변신 프로젝트

월마트의 반격: 픽업 타워로 아마존 따라잡기

2010년대, 전통 유통 기업들은 디지털 시대의 생존을 위협받고 있었다. 아마존의 급성장은 오프라인 매장 중심의 비즈니스 모델에 근본적인 도전장을 냈고, 그 한가운데 월마트가 있었다.

월마트는 전통적인 유통업의 한계를 뛰어넘기 위해 고객이 온라인, 모바일, 매장 등 어떤 채널에서든 일관되고 원활한 쇼핑 경험을 제공하는 전략을 구현했다. 2017년 도입된 '픽업 타워'는 이러한 전략의 대표적인 결과물이었다.

여기 바쁜 직장인 엄마 새라가 있다. 점심시간에 스마

트폰으로 아들의 생일 선물로 레고 세트를 월마트 앱에서 구매했다. '매장 픽업' 옵션을 선택한 후 퇴근길에 매장에 들렀다. 새라는 앱에서 받은 QR 코드를 스캔했고, 놀랍게도 60초도 되지 않아 로봇 팔이 움직여 그녀가 주문한 레고 상자를 꺼내 전달했다. 줄을 서지 않고, 점원과 대화하지 않고도 상품을 받을 수 있었다.

이 시스템의 혁신은 단순한 기술적 편리함을 넘어섰다. 고객의 시간을 절약하고, 온라인과 오프라인의 경계를 허무는 완전히 새로운 쇼핑 경험이었다. 2017년 처음 도입된 이후, 2018년 기준으로 미국 인구의 약 40%가 이용할 정도로 빠르게 확산되었다.

코로나19(COVID-19) 팬데믹은 월마트의 전략이 얼마나 뛰어난지 증명했다. 온라인 주문 및 매장 픽업 서비스의 수요가 급증했고, 월마트는 이에 신속하게 대응했다. 2020년 기준 월마트의 총 매출은 5,594억 달러로, 이 중 전자 상거래(e-commerce) 매출은 약 10%를 차지했다. 특히 미국 내 전자 상거래 시장에서 아마존에 이어 2위를 차지하며 강력한 경쟁력을 보여 주었다.

이 혁신은 단순한 기술 도입을 넘어 월마트의 비즈니스 모델 전체를 변화시켰다. 온라인 쇼핑의 편리함과 오프라인 매장의 즉시성을 결합함으로써, 전통적인 유통 기업의 한계를 극복할 수 있었다. 이후 월마트는 대형 물품이나 냉장 식품 등을 처리하지 못했던 한계를 극복하고자 픽업 타워를 대신한 커브사이드 픽업 서비스로 서비스를 진화해 나갔다.

월마트의 성공은, 전통 유통 기업이 디지털 시대의 혁신을 이끌 수 있음을 보여 준 살아 있는 증거로, 월마트는 더 이상 단순한 유통 기업이 아닌 데이터 기반의 민첩한 디지털 기업으로 변모하고 있음을 보여 주고 있다.

GE의 도전: 항공 엔진 데이터의 새로운 가치 발견

2015년, 제너럴 일렉트릭(GE)의 전 CEO 제프 이멜트가 매킨지와 진행한 인터뷰의 내용을 보면, 130년이 넘는 역사의 산업 거인이 마주한 위기와 기회를 동시에 보여 주고 있다.

"우리가 추진하는 산업 세계의 디지털화는 갑작스러운 결정이 아니었습니다. GE가 하룻밤 사이에 '이제 제조업은 그만두고 오라클이나 마이크로소프트 같은 소프트웨어 회사가 되자'고 방향을 틀어 버린 것이 아닙니다. 오히려 우리가 속한 산업 분야와 우리가 개발해 온 기술들이 자연스럽게 진화하면서, 디지털 전환이 필연적인 흐름으로 이어진 것입니다."

이런 상황에서 GE가 주목한 것이 '산업 IoT(Industrial Internet of Things)'였다. 산업 IoT란 공장 설비, 발전소, 항공기 등 산업용 장비에 센서를 부착하고, 인터넷으로 연결해 데이터를 수집 · 분석하는 기술이다. 소비자용 IoT가 가정의 전자 제품을 연결한다면, 산업 IoT는 대규모 산업 인프라를 디지털화한다. GE는 이 분야의 선구자로 나서며 2011년 '산업 인터넷'이라는 개념을 처음 제시했다.

GE가 산업 IoT의 선구자가 된 이유는 명확했다. 그들은 2015년 당시 전 세계 3만 8천 대 이상의 제트엔진을 생산해 운영 중이었고, 이는 곧 엄청난 데이터 접근성을 의미했다. 2016년까지 GE는 각 엔진에 약 100개의 센서를 장착했고, 이 센서들은 압력, 온도, 진동, 연료 흐름 등을 측정했다.

GE가 이 방대한 데이터로 해결하고자 한 가장 큰 문제 중 하나는 항공사들의 '비계획 정비'였다. 대형 항공기가 예상치 못한 정비로 하루만 운항을 멈추면 항공사는 엄청난 손실을 입는다. 전통적으로 항공기 정비는 '계획 정비'(정해진 시간마다 점검)나 '고장 후 정비'(문제 발생 후 수리) 방식으로 이뤄졌는데, 전자는 비효율적이고, 후자는 위험했다.

GE는 엔진 데이터를 활용한 '예지 정비'라는 해결책을 제시했다. 이는 AI가 센서 데이터를 분석해 부품이 언제, 어떻게 고장 날지 예측하는 시스템이다. 예측 정비는 지연이나 취소로 이어지기 전에 문제를 식별함으로써 이러한 비용을 줄이는 데 도움을 줄 수 있게 되었다. 2015년에는 이 기술이 실험적 단계에 머물렀지만, 2025년 현재는 예지 정비가 산업 현장의 필수 요소로 자리 잡았다.

GE의 가장 혁신적인 면은 데이터를 활용해 비즈니스 모델 자체를 변화시킨 점이다. 전통적으로 GE는 항공사에 엔진을 판매한 후, 정비 서비스를 별도로 제공했다. 예지 정비 역량을 바탕으로 GE는 '비행 시간당 과금(Power by the Hour)' 모델로 확장하기에 이른다.

"엔진을 구매하지 마세요. 사용한 시간만큼만 비용을 지불하세요." GE의 고객사인 항공사들은 의아했다. "엔진을 판매하지 않는다고요?" GE는 항공사에 진짜 필요한 건 엔진 자체가 아니라 '비행시간'이라는 것을 깨달았다. 마치 음악을 소유하는 대신 스포티파이(Spotify)에서 스트리밍하는 것처럼, '추진력'이라는 서비스를 제공하는 모델로 전환했다. 항공사는 엔진이 실제로 비행한 시간에 따라 비용을 지불하고, 엔진의 소유권과 모든 정비 책임은 GE가 가져가는 구조였다.

이 '비행 시간당 과금' 모델의 핵심은 '이해관계의 일치'였다. 전통적으로는 엔진이 자주 고장 날수록 GE의 정비 수익이 증가했지만, 새 모델에서는 엔진이 문제없이 작동할수록 양측 모두에게 이익이었다.

125년 역사의 산업 공룡은 적응하거나 멸종하거나의 기로에서, 제트 엔진이라는 하드웨어를 넘어 데이터라는 새로운 비즈니스 엔진을 발견했다.

06
여러분 회사의 데이터 연금술 시작하기

테슬라, 넷플릭스, GE처럼 데이터를 수익의 원천으로 삼는 기업들의 공통점은 단 하나, 체계적인 '데이터 연금술' 전략이다. 당신의 회사에도 숨겨진 데이터 금맥이 있다면, 이제 그것을 발굴하고, 정제하고, 가치로 전환할 시점이다. 이 글은 데이터 자산 진단부터 수집 전략, 정제 기술, 조직 문화 변화까지 기업이 실질적으로 데이터 프로젝트를 성공시키는 구체적인 방법론을 제시한다. AI 시대, 데이터는 새로운 자본이다. 지금 여러분 회사의 데이터 연금술을 시작하라.

AI와 야구?

숨겨진 데이터 금맥 찾기

테슬라가 자율주행 데이터에서, 넷플릭스가 시청 패턴에서, 제너럴 일렉트릭(GE)이 항공 엔진 센서에서 발견한 것처럼, 당신 회사에도 아직 발견되지 않은 데이터 금맥이 있다. 그러나 이런 보물을 찾아내기 위해서는 체계적인 접근이 필요하다.

데이터 자산 진단 방법

데이터 금맥 발굴의 첫 단계는 현재 보유한 데이터 자산을 정확히 파악하는 것이다.

효과적인 데이터 자산 진단을 위해서는 '데이터 카탈로그'를 만들어야 한다. 이는 기업 내 모든 데이터세트의 위치, 형식, 볼륨, 소유자, 접근 권한 등을 문서화하는 작업이다.

당신의 데이터 현황을 파악했다면, 다음은 데이터 '갭 분석'이다. 현재 수집하고 있지 않지만, 비즈니스에 가치를 더할 수 있는 데이터는 무엇인가?

가치 있는 데이터의 발견

모든 데이터가 동등한 가치를 지니는 것은 아니다. 진정으로 가치 있는 데이터의 발견을 위해서는 세 가지 기준을 살펴보아야 한다.

첫째, 독점성(Exclusivity)이다. 아무나 얻을 수 있는 데이터는 경쟁 우위를 제공하지 않는다. 테슬라의 자율 주행 데이터, GE의 제트 엔진 성능 데이터처럼, 오직 당신 회사만이 만들어 낼 수 있는 데이터가 진정한 자산이 된다.

둘째, 관련성(Relevance)이다. 데이터는 핵심 비즈니스 질문에 답할 수 있어야 한다. 스타벅스는 고객 행동 데이터를 분석해 "어떤 음료가 어느 시간대에 인기가 있는가?"라는 질문에 답함으로써 매장 운영을 최적화했다.

셋째, 활용 가능성(Actionability)이다. 아무리 흥미로운 데이터라도 실제 행동으로 연결되지 않는다면 가치가 제한적이다. 월마트는 재고 데이터를 기반으로 '픽업 타워' 시스템을 구축해 온·오프라인 쇼핑 경험을 혁신했다.

데이터 수집 전략 수립

데이터 금맥을 발견했다면, 이제 체계적인 수집 전략이 필요하다. 이는 단순한 IT 프로젝트가 아니라, 비즈니스 전략의 핵심 요소가 되어야 한다.

먼저, 첫째로 수집 목적을 명확히 하라. "왜 이 데이터가 필요한가?" 이 질문에 대한 명확한 답변 없이는 효과적인 수집이 불가능하다.

둘째, 적절한 수집 방법을 선택하라. 웹사이트 행동 데이터는 분석 툴로, 고객 피드백은 설문으로, 제품 사용 패턴은 IoT(사물인터넷) 센서로 수집할 수 있다.

셋째, 데이터 프라이버시와 규제 준수를 고려하라. 유럽연합(EU)의 「일반 데이터 보호 규정(GDPR, General Data Protection Regulation)」, 「캘리포니아 소비자 개인정보 보호법(CCPA, California Consumer Privacy Act)」 같은 법규는 데이터 수집에 중요한 제약을 가한다. 투명하고 윤리적인 데이터 수집은 단순한 법적 의무를 넘어, 고객 신뢰를 구축하는 핵심 요소다.

넷째, 지속 가능한 수집 인프라를 구축하라. 일회성이 아닌, 지속적으로 데이터를 수집하고 업데이트할 수 있는 시스템이 필요하다.

데이터 품질을 높이는 실전 기술: 데이터 정제의 원칙

"쓰레기를 넣으면 쓰레기가 나온다(Garbage In, Garbage Out)." 컴퓨터과학의 이 오래된 격언은 데이터 연금술에서도 여전히 유효하다. 아무리 많은 데이터를 쌓아도 그

품질이 낮다면 AI는 결코 기대했던 가치를 창출하지 못한다는 것을 다시 한번 리마인드하자. 데이터 정제는 수집된 원석을 반짝이는 보석으로 변환하는 과정이다. 여기 데이터 정제 과정에서 고려할 몇 가지 팁을 공개한다.

첫째, 중복 제거(Deduplication): 같은 이야기는 한 번만! 넷플릭스의 경우, 한 사용자가 여러 기기에서 동일한 콘텐츠를 시청할 때 발생하는 중복 데이터를 제거함으로써 추천 알고리즘의 정확도를 높인다.

둘째, 표준화(Standardization): 같은 말을 여러 방식으로 하지 않기. 서울시, 서울특별시, Seoul, 모두 같은 지역을 말하지만 컴퓨터에게는 완전히 다른 단어다. 월마트는 전 세계 수만 개 공급업체가 제각각 다르게 표현한 제품 정보를 하나의 표준 형식으로 바꾼다.

셋째, 이상치 처리(Outlier Detection): 이상한 데이터들을 찾아라! 고객 나이 데이터에 "300세"가 있다면? 명백히 뭔가 잘못됐다. 주기적으로 잘못된 데이터 혹은 예상하지 못한 상태의 패턴은 처리해야 한다.

넷째, 결측치 처리(Missing Value Imputation): 빈칸을 어떻게 채울까? 회사는 데이터에 빈 공간이 발생할 때, 단순 삭제, 평균값 대체, 머신 러닝 기반 예측 등 다양한 방법으로 그 공간을 채울 수 있고, 회사 내부적으로 그 방법을 합의해야 한다.

마지막으로, 데이터 보강(Data Enrichment): 더 풍부하게, 더 가치 있게! 테슬라의 자율주행 차량은 도로 상황만 기록하는 것이 아니다. 여기에 날씨 정보, 지도 데이터, 다른 차량의 패턴까지 결합한다. 외부 데이터를 결합해 데이터의 가치를 높이는 것이 데이터 보강이다.

데이터 프로젝트 성공의 세 가지 비결

데이터 프로젝트는 일반 프로젝트와 극명하게 다른 몇 가지의 특징이 있다. 일반 프로젝트는 시작부터 목표와 결과물이 명확하다. 건물을 지을 때는 설계도가, 소프트웨어 개발에는 명세서가 존재한다. 반면 데이터 프로젝트는 '데이터에서 무엇이 발견될지 모르는 상태'에서 시작하며, '완성'보다는 '지속적 개선'이 핵심이다.

성공에 이르는 지름길은 찾기 어렵지만, 가장 중요한 세 가지 요소가 있다.

명확한 목표 설정

데이터 프로젝트의 특성 때문에 성공적인 데이터 프로젝트는 개선의 방향성을 가진 항상 명확한 비즈니스 목표에서 시작해야 한다. "AI를 도입하자" 또는 "빅데이터 시스템을 구축하자"는 기술 중심 접근법은 실패할 확률이 높다.

대신, "고객 이탈률을 10% 감소시키자", "제품 불량률을 5% 줄이자", "재고 회전율을 20% 높이자" 같은 구체적인 비즈니스 목표를 설정해야 한다. 이런 명확한 목표는 프로젝트의 방향을 일관되게 유지하고, 성공 여부를 평가할 기준이 된다.

단계적 접근

데이터 연금술은 단번에 이뤄지지 않는다. 성공적인 프로젝트는 항상 단계적 접근법을 택한다. 예를 들면, "고객 이탈률을 10% 감소시키자"라는 목표로 데이터 프로젝트를 시작한다면, 다음과 같은 단계적 접근이 효과적일 것이다.

1단계, 데이터 탐색 및 문제 정의: 이 단계에서는 현재 회사가 해결하고자 하는 문제를 정의하는 단계다. 현재 보유한 데이터를 꼼꼼히 살펴보며, 고객이 왜 떠나는지 파악한다. 기존의 CRM(Customer Relationship Management, 고객 관계 관리) 데이터, 고객 서비스 기록, 결제 이력 등을 분석해 "누가, 언제, 왜 떠나는가?"라는 질문에 답을 찾는다.

2단계, MVP(Minimum Viable Product, 최소 실행 가능 제품): 첫 번째 단계에서 얻은 통찰을 바탕으로 간단하지만 실용적인 설루션을 만든다. 예를 들어, 고객별로 이탈 가능성을 점수화하는 기준을 구축하고, 이탈 위험이 가장 높은 상위 5% 고객만을 대상으로 맞춤형 혜택을 제공하는 시범 프로그램을 운영한다. 이 단계에서는 짧은 주기로 성과를 측정하고, 접근법을 신속하게 조정하며, 작게 시작해 빠르게 학습하는 것이 핵심이다.

3단계, 확장 및 자동화: 초기 시범 프로그램이 효과를 입증하면, 이제 더 많은 고객층으로 확대하고 프로세스를 자동화한다. 예측 모델을 더욱 정교하게 발전시키고, 이탈 위험이 감지되면 자동으로 적절한 조치가 취해지는 시스템을 구축한다. 이 단계는 성공적인 접근법을 체계화하고, 규모를 확대하는 과정이다.

4단계, 최적화 및 학습 사이클 구축: 이 단계는 프로젝트의 완료가 아니라 지속적인 개선의 시작점이다. A/B 테스트를 통해 다양한 전략의 효과를 객관적으로 비교하고, 실시간 모니터링 시스템을 구축해 핵심 지표를 계속 추적한다. 또한 정기적으로 결과를 리뷰하고, 전략을 조정하는 사이클을 확립한다. 데이터 프로젝트는 목적지가 아닌 여정이며, 이 단계는 그 여정이 계속해서 개선

되도록 하는 역할을 한다.

조직 문화의 변화

매킨지 연구에 따르면, 데이터 프로젝트 실패의 70% 이상이 기술이 아닌 '사람과 프로세스' 문제에서 비롯된다고 한다. 《하버드 비즈니스 리뷰》는 이를 "데이터 중력(Data Gravity)"이라고 부른다. 데이터가 소수 전문가 주변에 집중되는 경향이 있다는 것이다. 이러한 중력을 극복하려면 의도적인 변화가 필요하다.

첫째, 의사 결정 과정에 "데이터는 어떻게 말하고 있나요?"라는 질문을 정착시켜 데이터 기반 사고를 조직 DNA에 심어야 한다.

둘째, '실험 문화'를 장려한다. 데이터 주도 기업은 "실패해도 괜찮다"가 아니라 "실패로부터 배우지 않는 것이 진짜 실패다"라는 철학을 갖고 있다.

셋째, '데이터 민주화'를 통해 정보의 벽을 허문다. 하버드 연구에 따르면, 데이터가 특정 부서나 전문가에게만 접근 가능한 조직은 데이터의 가치를 최대 50%까지 잃는다.

또한, 전 직원의 데이터 리터러시 향상에 투자하고, 리더들이 먼저 데이터 기반 의사 결정을 실천해야 한다.

매사추세츠 공과대학(MIT) 연구는 이러한 리더십 모범이 조직 전체의 데이터 문화를 3배 빠르게 확산시킨다는 것을 보여 준다.

결론적으로, 데이터 프로젝트의 성공은 기술보다 사람들의 마음과 행동을 변화시키는 데 있다. 이러한 문화적 변화를 이끌어 내는 조직만이 데이터라는 원석을 진정한 비즈니스 가치의 황금으로 변화시킬 수 있다.

이제, 당신의 데이터 여정을 시작하라

데이터 연금술은 마법도, 미신도 아니다. 그것은 체계적인 접근과 끊임없는 노력으로 데이터의 잠재적 가치를 현실화하는 과정이다. 데이터 연금술의 여정은 쉽지 않을 것이다. 기술적 도전, 조직적 저항, 문화적 장벽 등 다양한 어려움이 있을 것이다.

그럴 때 물리학자 리처드 파인만이 한 말을 기억하자. "가장 중요한 원칙은 스스로를 속이지 않는 것이다. 그리고 가장 속이기 쉬운 대상은 바로 자신이다(The first principle is that you must not fool yourself — and you are the easiest person to fool)."

과학적 탐구에서 파인만이 강조한 지적 정직성은 데이터 기반 의사 결정에도 똑같이 적용된다. 우리는 종종 데이터의 가치를 과대평가하거나 과소평가한다. 어느 쪽이든 위험하다.

데이터 연금술의 핵심은 정직한 자기 평가와 달성 가능한 목표를 향한 체계적인 접근에 있다. 먼저 당신이 어디에 있는지 정확히 파악하고, 그다음 어디로 가고 싶은지 명확히 하라. 그리고 무엇보다, 지금 시작하자. 데이터 세계가 지금 당신 앞에 와 있다.

07
디지털 전환을 넘어선 AI 전환 패러다임

많은 기업이 디지털 전환을 이뤘다고 자부하지만, 실제 AI를 업무 흐름 전반에 통합해 실질적인 변화를 만든 사례는 드물다. 더존비즈온은 '원AI'를 통해 ERP · 그룹웨어 · 문서 관리 등 모든 제품에 AI를 내재화하며 'AX(인공지능 전환)'라는 새로운 경지를 열었다. 이 장은 넷플릭스와 더존의 사례를 중심으로, AI 전환이 단순한 기술 도입이 아닌 전략과 문화, 리더십의 융합임을 실증적으로 보여 준다. 이제 기업이 묻고 답할 차례다. "AI로 우리는 어디로 가는가?"

AI와 윤동주?

AX, Beyond DX

이 장에서는 디지털 전환(DX)의 성과와 한계를 돌아보고, AI 전환(AX)이라는 새로운 패러다임을 구체적으로 탐구한다. 독자가 AI 전환의 본질을 이해하고, 이를 조직과 개인의 성장에 어떻게 적용할 수 있을지 통찰을 제공하는 것이 목표다. 이를 위해 B2C 시장을 대표하는 글로벌 기업 넷플릭스와 B2B 시장을 선도하는 국내 기업 더존비즈온의 AI 활용 전략을 분석한다.

특히 더존비즈온 사례를 중심으로 소개한 이유는, 생성형 AI가 등장한 지 2년이 지나면서도 많은 기업이 AI를 비즈니스에 어떻게 적용해야 할지 여전히 혼란스러워하기 때문이다. 개인이 챗GPT 같은 AI를 활용하는 경험과 달리, 기업 환경에서는 복잡한 조직 구조와 프로세스, 데이터 보안, 실질적인 ROI(투자 수익률) 창출 등이 핵심 과제로 떠오르고 있다. 더존비즈온은 단순한 AI 도입을 넘어, DX에서 AX까지의 전체 여정을 실제 비즈니스 현장에서 직접 경험하며 성공적인 AI 통합 전략을 구축한 대표 사례다. 필자는 제품 기획부터 설계, 개발, 사업화까지 AI가 기업의 핵심 운영에 어떻게 내재화될 수 있는지 현장에서 경험한 인사이트를 바탕으로 이 사례를 분석했다. 이를 통해, AI를 조직에 효과적으로 적용하기 위한 실질적인 전략과 실행 방법을 제시한다.

2024년 가을, 한 중견 IT 기업의 발표가 업계를 놀라게 했다. 한국의 ERP(전사적 자원 관리) 설루션 기업 더존비즈온(이하 더존)이 출시한 AI 기반 업무 도구 '원AI(One AI)'가 불과 6개월 만에 2,000여 개 기업과 도입 계약을 체결하며 폭발적인 성장을 기록한 것이다(ZDNet Korea, 2024.10.23). 업계에서는 '원AI'의 성공을 두고 AI 기술을 비즈니스 환경에 실질적으로 적용한 성공 사례로 평가하며 주목했다. 많은 기업이 AI에 높은 관심을 보이고 있지만 정작 업무 현장에 AI를 성공적으로 통합한 사례는 드물었던 상황에서, 더존의 빠른 성과는 더욱 의미 있게 다가왔다.

이 사례는 오늘날 기업들이 직면한 AI 시대의 기회와 도전을 상징적으로 보여 준다. 전 세계적으로 생성형 AI 열풍이 불면서 경영진 대다수는 향후 수년 내 자사 비즈니스에 큰 변화가 일어날 것이라고 기대하지만, 정작 일상적으로 AI를 활용하는 비율은 매우 낮은 현실이다. 하버드 비즈니스 스쿨의 라카니(Karim R. Lakhani) 교수는 한 강연에서 청중에게 최근 6개월 내 챗GPT 같은 AI 도구를 사용해 본 적이 있는지 물었을 때 80~90%가 손을 들었지만, 매일 업무에 활용하고 있다는 사람은 10%

도 안 되었다고 지적했다. 그는 이를 "알고는 있으나 실제 행동으로 옮기지 못하는 큰 격차(know-doing divide)"라고 표현하며, 경영진이 이 격차를 해소하지 못하면 AI 시대에 도태될 수 있다고 경고했다. 실제로 글로벌 컨설팅사 보고서에 따르면 거의 모든 기업이 AI에 투자하고 있음에도, 자사를 "AI 활용 성숙 단계"에 있다고 자신 있게 말하는 경영자는 1%에 불과했다. 다시 말해 대다수 기업은 아직 AI를 부분적으로만 도입했을 뿐, 업무 흐름 전반에 깊이 통합해 실질적 성과를 내는 단계에 이르지 못한 것이다.

그럼에도 AI의 장기적 잠재력에 대해서는 의심의 여지가 없다. 매킨지 보고서는 AI가 장기적으로 4조 4천억 달러 규모의 생산성 향상 효과를 가져올 수 있다고 전망하는 한편, 단기적으로는 명확한 수익이 바로 보이지 않더라도 기업들이 앞다퉈 AI 투자를 늘리고 있다고 전한다. 이러한 상황에서 중요한 질문은 '과연 어떻게 해야 기업이 AI 시대에 지속 가능한 경쟁력을 확보하고, 투자 대비 실질적인 비즈니스 가치를 창출할 수 있는가'다. 이 장에서는 최신 AI 비즈니스 트렌드와 실천 방안을 풍부하게 담고자 노력했다. AI 시대의 거대한 파도 속에서 우리 기업은 어떤 나침반으로 항로를 잡아야 할 것인지, 이

글을 통해 함께 모색해 보자.

넷플릭스의 개인화 전략

AI 시대의 비즈니스 전략을 논할 때, AI를 공급하는 기업(오픈AI, 구글, MS, 메타 등)뿐만 아니라, 이를 효과적으로 활용해 혁신을 이룬 기업 사례도 주목할 필요가 있다. 넷플릭스는 생성형 AI가 등장하기 이전부터 AI를 활용해 비즈니스 모델을 혁신한 대표적인 기업이다. 2022년 11월 챗GPT 출시 이후 생성형 AI가 급속도로 확산되면서 기업들은 AI 도입을 가속화하고 있지만, AI의 비즈니스 적용은 생성형 AI 이전부터 중요한 경쟁 요소였다.

특히 넷플릭스는 AI를 통해 개인화(Personalization) 전략을 강화하고, 미디어 및 엔터테인먼트 산업에서 차별화된 경쟁력을 구축한 기업이다. 넷플릭스 사례를 다루는 이유는 단순하다. AI를 잘 활용한 기업이 반드시 AI 기술을 직접 개발한 빅테크 기업일 필요는 없기 때문이다.

넷플릭스는 AI 자체를 공급하는 기업은 아니지만, AI를 활용해 사업 성장을 견인한 성공적인 사례다. AI가 기업의 비즈니스 모델을 변화시키는 데 실질적으로 어떤 영향을 미칠 수 있는지를 보여 주는 사례로서, 넷플릭스의 AI 기반 개인화 전략은 주목할 만하다. 넷플릭스는 방대한 콘텐츠 라이브러리를 보유하고 있는데, 이용자들이 그중에서 자신이 선호할 만한 콘텐츠를 90초 이내에 발견하지 못하면 이탈 위험이 급격히 높아진다는 것을 파악했다.

이를 해결하기 위해 넷플릭스는 초창기부터 추천 알고리즘 개발에 막대한 투자를 했고, 마침내 머신 러닝을 이용한 개인화 추천 AI 엔진을 구축했다. 흥미로운 통계가 하나 있다. 넷플릭스에 따르면, 이용자 시청의 80%가 검색이 아닌 추천을 통해 이뤄지고 있다고 한다. 다시 말해, 대부분의 고객은 넷플릭스가 제시한 맞춤 추천 목록에서 콘텐츠를 선택한다는 뜻이다. 이는 AI 알고리즘이 고객 경험을 주도한다는 점에서 넷플릭스 성공 비결의 핵심이다. 넷플릭스의 추천 엔진은 수십 개의 알고리즘과 전 세계 가입자의 시청 데이터를 종합 분석해, 각 개인이 좋아할 만한 작품을 예측한다. 한 사용자가 특정 장르(예컨대 일본 애니메이션)에 관심을 보이면, 넷플릭스는 전 세계 유사 취향 시청자들의 패턴을 분석해 그에게 새로운 애니메이션 작품을 추천하는 식이다. 또한 단순히 콘텐츠 타이틀 추천뿐 아니라, 섬네일 이미지나 설명 문구까지도 개인별로 최적화해 이목을 끌 확률을 최대화한다. 이런 세밀한 개인화 덕분에 넷플릭스는 “콘텐츠의 바다” 속에서 이용자들이 길을 잃지 않고 만족스러운 시청을 이어 가도록 돕는다.

넷플릭스 경영진은 이 추천 시스템이 창출하는 가치를 구체적으로 계량화하기도 했다. 넷플릭스는 “개인화 추천 덕분에 연간 10억 달러 이상의 가치가 창출된다”라고 밝혔다. 여기서 말하는 가치는 주로 이용자 이탈 방지를 통해 얻는 매출 확보 효과다. 넷플릭스의 추산으로는, 이용자가 1~2분 안에 흥미로운 콘텐츠를 찾지 못하면 서비스 이용을 중단할 위험이 커지는데, 추천 엔진이 제 몫을 다해 취향에 맞는 작품을 제시해 주면 가입자가 플랫폼에 머무르는 시간이 늘어나고, 구독 해지율이 감소한다는 것이다. 특히 넷플릭스 같은 정기 구독(subscription) 비즈니스에서는 사용자 유지율이 매출과 직결되므로, AI 추천 엔진은 막대한 비용을 들여서라도 개선할 만한 투자 대상이 된다.

10억 달러라는 숫자는 넷플릭스가 한 해 콘텐츠 제작비로 50억 달러 이상을 지출하는 규모에 비하면 적어 보일 수 있지만, 이는 동등한 품질의 서비스를 위해 추가로 들였어야 할 비용 또는 줄어들었을 매출을 환산한 의미 있는 수치다. 다시 말해 AI가 그만큼의 효용을 창출했음을 보여 준다. 넷플릭스 사례는 AI 중심 전략의 위력을 여실히 보여 준다. 첫째, 데이터와 AI 알고리즘이 핵심 자산인 기업 모델이다. 넷플릭스는 가입자 행동 데이터(시청 기록, 평가, 검색어 등)를 체계적으로 수집·분석해 데이터 기반 의사 결정을 문화로 정착시켰다. 둘째, 고객 경험 최적화에 AI를 활용함으로써 경쟁자를 압도했다. 전통 방송사나 영화관은 고객 취향 데이터를 이처럼 활용하기 어려웠으나, 넷플릭스는 스트리밍 플랫폼의 강점을 살려 개개인마다 다른 서비스를 실시간 제공하는 차별화를 이뤘다. 셋째, AI를 통해 규모의 경제와 범위의 경제를 동시에 달성했다. 가입자가 늘어날수록 데이터가 증가해 추천 정확도가 높아지고, 다양한 장르와 국가의 콘텐츠를 확보할수록 교차 추천으로 신규 콘텐츠 소비를 촉진하는 선순환 구조를 구축했다. 이러한 전략적 효과 덕분에 넷플릭스는 수많은 경쟁자(케이블 TV, DVD 대여업체, 다른 스트리밍 서비스 등)를 제치고 시장을 선도해 왔다. 넷플릭스의 성공은 AI를 통한 비즈니스 모델 혁신이 얼마나 강력한 경쟁 우위를 만들어 낼 수 있는지 보여 주는 한편, 몇 가지 도전도 수반함을 일깨워 준다. 최근 들어 넷플릭스도 경쟁 플랫폼 증가와 콘텐츠 비용 상승으로 성장세가 둔화되면서, AI 알고리즘의 투명성 문제나 필터 버블(filter bubble)에 갇힐 위험 등 부작용에 대한 논의도 제기되고 있다. 이에 넷플릭스는 퍼스널 AI 경험과 편집진 추천 등 사람의 개입을 조화시키며 균형을 찾으려 하고 있다. 이는 AI 전략이 기술적으로만 완벽하면 되는 것이 아니라, 인간적 통찰과 윤리적 고려가 함께해야 함을 시사한다.

08
한국 중견기업의 도약: 더존비즈온의 AI 전환

디지털 전환을 넘어 AI 전환으로 도약한 더존비즈온은 기존 강점을 기반으로 업무 흐름 속에 자연스럽게 AI를 녹여 내며 2천 개 기업의 신뢰를 얻었다. 중소기업은 '작지만 확실한' 페인 포인트 해결에서 시작해 외부 자원과 생태계 협력을 통해 현실적인 AI 전략을 구축해야 한다. 대기업은 전사적 비전과 융합형 조직, 인재 육성, AI 거버넌스까지 통합적 변화 관리를 요구받는다.

AI와 한의학?

국내 중견 IT 기업 더존은 전통적으로 회계, ERP(전사적 자원 관리) 소프트웨어 분야의 강자로 명성을 쌓아 왔다. 오랜 기간 중소・중견기업용 ERP 시장에서 보급률 1위의 압도적인 시장 지배력으로 안정적인 사업을 이어 왔지만, 동시에 클라우드 전환과 글로벌 기업과의 경쟁이라는 도전에 직면해 있었다. 더존은 이러한 위기를 타개하고 기회를 모색할 신성장 동력으로 AI를 통한 기업 업무 혁신, 즉 "인공지능 전환(AX) 기업"으로 체질 개선을 선언했다. 그리고 2024년, 마침내 그 노력의 결실로 원AI'라는 AI 통합 설루션을 시장에 내놓았다. 원AI의 가장 큰 특징은 단순한 개별 AI 설루션이 아니라, 더존비즈온의 핵심 제품군(OmniEsol, Amaranth 10, WEHAGO) 전반에 AI 기능을 스며들게 했다는 점이다. 회계・세무・인사 등을 다루는 ERP 시스템, 그룹웨어(전자 결재, 메일 등 협업 도구), 문서 관리 플랫폼(ECM, EDMS) 등 모든 주요 소프트웨어에 생성형 AI를 결합했다. 예를 들어, 사용자는 ERP에서 챗GPT 기반의 대화형 도우미를 통해 복잡한 회계 규정을 질의하거나 자동으로 분개 처리 제안을 받을 수 있고, 그룹웨어에서 이메일 내용을 요약하거나 일정 조율을 AI 비서에게 맡길 수 있다. 이렇게 업무 흐름 속에 자연스럽게 녹아든 AI는 기업 고객들이 특별한 AI 전문 역량 없이도 곧바로 생산성 향상을 체감하도록 해 준다. 실제로 더존 측은 "모든 주요 제품에 원AI를 통합함으로써 기업들이 AI를 더욱 손쉽게 활용할 수 있게 되었고, 이를 통해 업무 효율성과 경쟁력이 대폭 강화되고 있다"라고 밝혔다. 현업 직원들은 익숙한 업무 소프트웨어 내에서 필요할 때 AI의 도움을 받을 수 있어 업무 처리 속도가 빨라지고, 의사 결정 품질도 높아졌다. 이는 AI가 기존 업무 방식을 완전히 뒤흔들지 않으면서도 업무 혁신을 실현했다는 점에서 탁월한 접근이라고 평가받는다. 더존이 원AI를 통해 해결한 또 다른 과제는 "AI의 현실 적용 장벽"이다. 많은 기업이 AI에 관심은 있지만 실제 도입하려고 하면 보안 문제, 사내 데이터와의 연계, AI의 할루시네이션 위험 등의 난제에 봉착한다. 원AI는 이러한 부분을 상당 부분 선제적으로 해소했다. 더존이 자체 개발한 API 브리지 기술[펑션콜(Function Call)을 이용한 더존 API 연동 모듈]은 기업 내부 데이터베이스와 챗GPT 같은 외부 AI 엔진을 안전하게 연결해 주며, 검색 증강 생성(RAG) 기법을 적용해 AI가 답변 생성 시 실시간으로 신뢰할 수 있는 최신 내부 데이터를 참조하도록 했다. 그 결과 AI 답변의 정확성을 높이고, 잘못된 정보를 생성하는 위험을 최소화했다. 또한 모든 데이터 교류 과정에 강력한 보안 기술을 적용해 민감한 기업 정보가 외부로 유출되거나, 외부 AI 서비스 이용으로 인한 보안 취약점이 생기지 않도록 설계했다. 이러한 철저한 현실 고려 덕분에, 원AI를 도입한 기업들은 AI 활용에 따른 위험 부담을 크게 덜고 안심하며 업무에 활용할 수 있었다.

이러한 혁신적 제품 전략의 결과, 시장 반응은 폭발적이었다. 원AI 출시 후 불과 6개월 만에 2,000여 개 기업이 도입 계약을 맺었는데, 이는 더존이 보유한 기존 고객뿐 아니라 새로운 고객층까지 끌어들인 성과로 해석된다. 업계 전문가들은 원AI의 빠른 확산을 두고 "AI 기술이 비즈니스 환경에 실질적으로 적용된 성공 사례"라고 평가했다. 실제로 많은 기업이 AI의 가능성에는 열광하지만 정작 현실의 업무에 적용하는 데 어려움을 겪는 가운데, 원AI는 기업의 일상 업무에 AI를 녹여 실질적 성과를 창출한 드문 사례였기 때문이다. 더존은 이처럼 고객사들의 업무 혁신 파트너로 자리매김함으로써 자사 비즈니스에도 직접적인 수혜를 보았다.

"출시 수개월 만에 2천여 개 이상의 기업이 AI를 통한 업무 혁신을 이루는 데 기여하고 있다"는 보도처럼 짧은 기간 내 대량의 고객 사례를 확보하며 레퍼런스 파워를 갖게 된 것이다. 전략적 관점에서 볼 때, 더존비즈온의 이 행보는 기존의 강점 위에 AI를 적절히 결합해 새로운 도약을 이뤄낸 사례로 꼽을 만하다. 더존은 원래 국내 중소·중견기업 ERP 시장의 절대 강자로서 방대한 고객 기반과 업종 지식을 갖고 있었다. 이를 바탕으로 클라우드 플랫폼을 구축하고, 여기에 AI 기능을 통합함으로써 고객 경험을 향상해 플랫폼 의존도를 자연스럽게 높이는 동시에 신규 고객을 유치하는 쪽으로 전략을 전개했다. 특히 주목할 점은, 이 AI 전략이 상위 시장으로의 진입과 맞물려 있다는 것이다. 한국 대기업 ERP 시장은 주로 글로벌 거대 기업들이 점유해 왔는데, 더존은 AI 통합 설루션을 앞세워 해외 ERP의 텃밭으로 여겨지던 대기업 시장까지 넘보고 있다고 평가된다. 실제로 포스코, 현대차그룹 등 일부 대기업 계열사들이 더존의 설루션으로 전환하기 시작하면서 해외 ERP와의 시장 점유율 격차가 급속히 줄어들고 있다. 해외 ERP를 사용하던 기존 고객들도 노후화된 시스템(ECC 6.0)의 지원 종료와 높은 비용 문제로 대안을 찾는 움직임이 있는데, 더존은 클라우드 기반의 합리적 가격, 그리고 AI로 강화된 기능을 무기로 이 틈새를 파고들고 있다. 이처럼 국내 시장에서 거대한 글로벌 기업을 AI 전략의 힘으로 추격한다는 점에서 매우 상징적인 사례라 할 수 있다.

마지막으로, 더존 사례가 주는 시사점을 정리하면 다음과 같다.

첫째, 기존 사업 강점과 AI를 결합한 전략이 효과적이었다는 것이다. AI 접목 범위를 ERP로 한정하지 않고, ERP, 그룹웨어, ECM(Enterprise Content Management: 기업 콘텐츠의 생성·관리·협업·보안을 통합 지원하는 시스템) 등 기업용 핵심 설루션 전반으로 새로운 가치 제안을 만들어 냈다.

둘째, 현장에서 발생하는 철저한 현실 문제 해결에 초점을 맞춘 접근이 주효했다. 단순히 기술을 뽐내는 것이 아니라 고객사들이 느끼는 AI 도입의 애로점(보안, 정확성 등)을 선제적으로 해소해 신뢰성을 확보했다.

셋째, 속도와 범위를 모두 잡았다. 개발부터 시장 출시, 고객 확보까지 매우 짧은 시간 안에 이뤄져 선점 효과를 누렸고, 모든 제품 라인에 AI를 통합함으로써 광범위한 적용 범위를 확보했다.

넷째, 미래 지향적 비전과 실행을 병행했다. AI를 계기로 기술 투자, 인프라(데이터 센터), 클라우드를 오랫동안 준비해 온 결과, AI 시대에 빠르게 대응할 수 있었다. 이처럼 더존의 AI 전환기는 중견기업도 명확한 전략과 실행력이 뒷받침된다면 AI 시대에 선도적 위치로 도약할 수 있음을 보여 준다. 이는 국내 다른 기업들에도 귀중한 벤치마킹 사례가 되고 있으며, AI를 기존 산업에 통합하는 방법에 관한 하나의 교본으로 평가받고 있다.

개인 고객을 대상으로 하는(B2C) 넷플릭스와 기업 고객을 대상으로 하는(B2B) 더존 두 사례는 규모나 업종은 다르지만 AI를 전략적으로 활용해 혁신을 이룬 공통점을 가지고 있다. 이들의 경험에서 얻을 수 있는 교훈은 다음과 같이 요약될 수 있다. ① 고객 가치 중심의 AI 활용, ② 자사 핵심 역량과 데이터 자산의 최대화, ③ 조직 전반에 걸친 일관된 AI 통합, ④ 위험 요인에 대한 선제적 관리. 이러한 요소들을 잘 갖춘 기업은 AI 시대에 경쟁자들보다 앞서나갈 가능성이 높다. 반대로, AI 도입 그 자체를 목적화하거나, 부분적으로만 활용하고 조직적 변화를 수반하지 않는 경우에는 원하는 성과를 거두기 어려울 것이다.

중소기업을 위한 AI 전략: 선별적 투자와 외부 자원 활용

중소기업은 대기업에 비해 자원은 제한적이지만, 의사결정의 민첩성과 니치 마켓에 대한 집중력이라는 강점을 지닌다. 이러한 강점을 살려 작지만 확실한 AI 활용 성공 사례를 만드는 것이 중소기업 AI 전략의 출발점이다. 우선, 비즈니스 목표에 부합하는 문제부터 선정해야 한다. 예컨대 제조 중소기업이라면 품질 검사 자동화나 설비 예지 보전 같은, 자사 규모에서도 충분한 데이터를 확보할 수 있고 직접적 비용 절감 효과가 있는 영역을 골라야 한다. 유통업 중소기업이라면 재고 관리 최적화나 고객 구매 패턴 분석을 통한 마케팅 자동화를 고려할 수 있을 것이다. 중요한 것은 "우리 회사의 가장 큰 페인 포인트를 AI로 풀었을 때 얼마만큼의 가치가 생길까?"를 따져 보고 우선순위를 매기는 일이다.

둘째로, 외부 자원을 적극 활용하는 것이 현실적이다. 자체적으로 AI 전문 인력을 채용하고 인프라를 구축하기에는 중소기업이 감당하기 어려운 경우가 많다. 다행히도 오늘날에는 클라우드 기반 AI 플랫폼(예: AWS, Azure, GCP의 AI 서비스)이나 SaaS 형태의 AI 설루션들이 많이 나와 있어서, 이를 구독하거나 최소한의 커스터마이징으로 사용할 수 있다. 예를 들어, 매출 영수증이나 계약서를 많이 처리하는 회사는 OCR(광학 문자 인식) 기반 문서 처리 AI 서비스를 빌려 와 자체 시스템과 연동함으로써 업무를 자동화할 수 있다. 별도의 AI 팀을

둘 필요 없이, 서비스 제공사가 기술 업그레이드를 지속해 주므로 최신 AI 기술을 누리는 비용 효과적인 길이다. 또한 노코드/로우코드 AI 도구들도 유용하다(Deloitte Insights, Tech Trends 2023). 프로그래밍을 몰라도 손쉽게 머신 러닝 모델을 만들고 배포할 수 있는 툴을 쓰면, 현업 담당자가 자신의 도메인 지식을 살려 AI 모델 개발에 참여할 수 있다. 이는 외부 컨설턴트나 개발자에게 모두 맡길 때보다 맞춤형 설루션을 얻을 가능성을 높이고, 비용도 절감된다.

셋째, 중소기업은 파트너십과 생태계 참여를 통해 AI 역량을 보완할 수 있다. 예컨대 같은 업종의 중소기업들이 컨소시엄을 구성해 정부의 AI 지원 과제에 공동 참여하거나, 대기업의 오픈이노베이션 프로그램에 참가해 기술적 멘토링과 투자를 받을 수 있다. 실제로 제조업 분야에서는 대기업 주도로 스마트 팩토리 지원 사업을 펼쳐 중소 협력사들의 AI · 자동화 도입을 도와주는 사례가 있는데, 이러한 기회를 활용하면 중소기업 혼자서는 하기 힘든 전문 설루션 도입과 인재 육성이 가능해진다. 더존의 원AI 역시 사실상 많은 중소기업 고객에게 AI 기술을 제공하는 플랫폼 역할을 했다. 개별 중소기업이 챗GPT를 업무에 일일이 적용하기 어려운 것을, 더존이 대신 통합해서 제공한 셈이다. 이처럼 플랫폼 기업이나 파트너와의 협업은 AI 시대에 중소기업이 경쟁력을 유지하면서 혁신할 수 있는 현실적인 방법이다.

넷째, 작은 성공을 거둔 후 이를 점진적으로 확장(scale-up)하는 전략이 필요하다. 한두 개 부서에서 AI 도구 사용을 정착시켰다면, 그다음에는 다른 부서나 프로세스로 확대하는 식이다. 이때 중요한 것은 내부 학습과 문화 확산이다. 초기 성공 사례의 담당자들이 사내에서 AI 에반젤리스트 역할을 하며 다른 팀에 노하우를 전파하도록 장려하자. 예를 들어 영업 팀에서 AI로 수요 예측을 성공적으로 수행했다면, 그 팀의 리더가 전체 워크숍에서 경험을 공유하고, 다음에는 생산관리 팀에서도 비슷한 접근을 시도해 보는 식으로 사내 베스트 프랙티스를 퍼뜨릴 수 있다. 중소기업은 규모가 작기 때문에 오히려 이러한 변화 관리를 빠르게 할 수 있는 이점이 있다. 경영진이 강력한 의지를 갖고 성공 사례를 전파하고 독려하면 구성원 전체의 태도가 긍정적으로 바뀌며 디지털 트랜스포메이션이 문화로 스며들 수 있다.

그러나 조직이 AI를 효과적으로 내재화하려면, 단순히 기술 확산을 넘어 조직 전체의 시각과 사고방식이 변화해야 한다. 개인은 자신이 조직 내에서 어떤 위치에 있는지 명확히 이해할 때, 그리고 조직이 개인을 중심으로 전체가 어떻게 움직이는지를 보여 줄 때, 비로소 효과적인 커뮤니케이션이 가능해진다. 종종 우리는 "개인은 똑똑한데, 조직은 왜 멍청한가?"라는 질문을 던진다. 이는 구성원 개개인이 조직 전체의 흐름을 보지 못하고, 자신의 업무 영역에만 집중하기 때문이다. 이를 해결하기 위해서는 조직의 장기적인 비전과 전략이 모든 구성원에게 잘 전달되고 공유되어야 한다. 조직 구성원은 자신의 업무가 전체 시스템 속에서 어떤 역할을 하며, 조직의 목표를 달성하는 데 어떻게 기여하는지 인식할 때 더 큰 시너지를 낼 수 있다. 조직의 목표와 전략이 명확히 전달되면, 구성원들은 자신의 업무가 조직 전체의 시스템을 어떻게 지원하는지 이해하게 된다. 이를 통해 개인은 자신의 역할이 조직의 어느 프로세스에 위치하는지를 파악하고, 다음 단계의 업무에 어떤 영향을 미치는지 정확히 인지할 수 있다. 그 결과, 조직 내 각 개인이 자신의 역할을 능동적으로 개선하고, 최적의 업무 수행 방법을 스스로 제안할 수 있는 환경이 조성된다.

이러한 사고방식이 정착되면, 조직 내 AI 활용 역시 단순한 도구의 도입을 넘어, 데이터와 AI를 활용한 최적화된 협업과 의사 결정 구조의 변화로 이어질 것이다. 즉,

AI를 기반으로 한 조직 혁신이 성공하려면, 기술을 정착시키는 것뿐만 아니라, 구성원들이 스스로 조직의 흐름을 이해하고 주도적으로 움직일 수 있는 환경을 마련하는 것이 필수적이다.

마지막으로, ROI(투자 수익률)에 대한 현실적인 기대치 설정과 리스크 관리도 잊지 말아야 한다. 중소기업은 한 번의 투자 실패가 치명적일 수 있으므로, 가능하면 짧은 주기의 목표를 설정해 성과를 검증하고 다음 의사 결정을 해야 한다. 3개월, 6개월 단위로 파일럿 프로젝트의 결과를 측정하고, KPI(핵심 성과 지표)를 달성하지 못하면 방향을 수정하거나 해당 프로젝트를 과감히 접을 필요가 있다. 또한 AI 도입으로 인해 만에 하나 고객 서비스 품질 저하나 데이터 유출 같은 부정적 결과가 생기지 않도록 작은 범위에서 시험하고 통제하는 것이 중요하다. 예를 들어, 챗봇 도입 시 곧바로 모든 고객 응대를 대체하지 말고, 특정 업무(예: FAQ 답변)부터 적용해 부작용을 체크하는 식이다.

이런 신중한 접근은 실패 확률을 줄이고, 성공 시 조직 신뢰를 얻어 추가 투자에 대한 지지도 확보할 수 있게 해준다.

요약하면, 중소기업의 AI 전략은 '선택과 집중(Select

& Focus)', '외부 자원의 적극적 활용(Leverage External Resources)', '협업과 학습(Collaborate & Learn)', '점진적 확장(Scale Gradually)'으로 요약될 수 있다. 중소기업이라고 해서 AI를 못 하는 것이 아니라, 오히려 몸집이 가벼운 만큼 전략적인 기획과 외부 자원의 지렛대 효과를 활용하면 작지만 강한 AI 활용 기업으로 거듭날 수 있다.

대기업을 위한 AI 전략: 통합적 추진과 조직 변혁

대기업은 중소기업과는 다른 차원의 자산과 영향력을 지니고 있지만, 동시에 복잡한 내부 조율과 경직된 구조라는 난제를 안고 있다. 대기업의 AI 전략에서 핵심은, 방대한 조직을 하나의 방향으로 정렬시키는 리더십과 유연한 혁신 문화를 만드는 것이다. 우선, 톱다운(Top-down) 전략 비전이 명확해야 한다. 최고 경영진이 AI의 중요성을 피상적으로 언급하는 것을 넘어, 우리 회사가 AI를 통해 어떤 비전과 목표를 달성할 것인지 분명한 로드맵을 제시해야 한다. 예컨대 마이크로소프트의 사티아 나델라 최고경영자(CEO)는 "모든 제품에 AI를 접목한다"는 전략을 천명하고, 이에 따라 조직 개편과 인

수 합병을 단행했다. 그런 식으로 기업 전체의 장기 전략 속에서 AI가 어떤 위치를 차지하는지 명확히 해야 한다. 이는 각 사업 부서가 AI 관련 예산을 배정하고 인력을 양성하는 데 정당성을 부여하고, 우선순위를 조정하는 기준이 된다.

또한 C-레벨 임원 중 AI 전담 임원(CDAO, Chief Data & AI Officer 등)을 두어 전사적인 조율을 맡기는 것도 대기업에서 효과적인 접근이다. 이 임원은 경영진의 지원 아래 부서 간 시너지를 내고 기술 전략과 비즈니스 전략을 연결하는 역할을 할 수 있다.

둘째, 사일로(silo) 타파와 데이터 통합이 필수적이다. 대기업일수록 부서별 데이터가 흩어져 있거나 포맷이 제각각이고, 부문 이기주의로 인해 데이터 공유를 꺼리는 경우가 많다. 그러나 AI의 위력은 크고 다양한 데이터의 연계에서 나오므로, 데이터를 통합 관리하는 데이터 거버넌스 체계 확립이 선행되어야 한다. 예를 들어, 글로벌 유통 기업 월마트는 전사적인 데이터 레이크(Data Lake)를 구축해 매장, 온라인, 물류 등 모든 영역의 데이터를 실시간으로 수집·분석함으로써 수요 예측 AI의 정확도를 높이고 있다. 이러한 데이터 인프라 투자는 대기업만이 할 수 있는 일이자, AI에서 강점을 발휘할 수 있는 토대다.

또한, 데이터뿐만 아니라 조직 내 협업 구조 역시 사일로를 넘어야 한다. AI 적용 과제들은 대개 비즈니스 전문가, 데이터 사이언티스트, IT 엔지니어, UX(사용자 경험) 디자이너 등 여러 역할이 유기적으로 협력해야 효과적으로 수행될 수 있다. 이를 위해 부서 간 경계를 허물고 다양한 전문가들이 함께 참여하는 '융합형 프로젝트 팀(cross-functional TF)'을 운영하는 것이 효과적이다.

여기서 중요한 것은, 이러한 융합형 프로젝트 팀이 단순한 부서 간 협업을 의미하는 것이 아니라, 비즈니스와 AI · 애플리케이션을 통합적으로 구성할 수 있는 '융합 팀(Fusion Team)' 형태로 조직되어야 한다는 점이다. 융합 팀은 전통적인 통합 조직과 차별화되며, 기술 전문가, 업무 기술자, 업무 전문가가 한 팀을 이뤄 단순한 협업을 넘어 비즈니스와 기술을 유기적으로 결합하는 형태로 운영된다. 이 방식은 AI 도입 같은 디지털 혁신을 빠르게 추진하는 데 필수적인 요소다.

그뿐만 아니라, 빠르게 변화하는 AI 기술을 유연하게 적용하기 위해서는 소규모 팀 단위로 독립적이고 기민하게 움직이는 '애자일 조직(Agile squad)'을 도입할 필요가 있다. 애자일 조직은 전통적인 계층적 조직 구조와 달리, 각 팀이 독립적으로 의사 결정을 내리고 빠르게 실행할 수 있도록 설계된 팀 구조다.

예컨대, 제조 기업에서 스마트 팩토리 AI 도입을 추진한다면, 생산 부서, 설비 부서, IT 부서, 심지어 노사 대표까지 포함된 융합형 프로젝트 팀(Fusion Team)으로 구성해야 한다. 이렇게 하면 각 부서 간 원활한 협업을 통해 현장의 실제 문제를 파악하고, 기술 적용 방안을 보다 효과적으로 도출할 수 있다. 이렇듯 대기업은 내부에 풍부한 인적 자원을 보유한 장점을 살려, 조직 내 다양한 역량이 결합된 협업 구조를 통해 AI 활용의 시너지를 극대화해야 한다.

셋째, 인재와 역량 강화 측면에서 대기업은 적극적인 인재 재교육(reskilling)과 전문 인력 확보 투자를 해야 한다. 기존 직원들을 대상으로 데이터 리터러시(Data literacy)와 AI 이해 교육을 실시해, 기획 · 마케팅 인력도 AI 프로젝트에 참여할 수 있도록 식견을 넓혀 줘야 한다. 동시에 핵심적인 AI 인재 (예: 머신 러닝 엔지니어, 데이터 사이언티스트)는 외부에서 영입하거나 전략적 제휴로 확보할 필요가 있다. 구글, 페이스북 같은 기업은 인재 풀이 자체가 AI 중심으로 구성되어 있지만, 전통 산업의 대기업들은 그렇지 않기에 인재 풀 갭(gap)을 메

우는 것이 시급하다.

그렇다고 모든 AI 기술을 내부화할 필요는 없다. 오픈소스 커뮤니티 참여나 스타트업 인수 등을 통해 기술 변화를 따라가고, 신선한 아이디어를 흡수할 수 있다. 예를 들어 제너럴 모터스(GM)나 폭스바겐 같은 자동차 대기업은 자율주행 AI 스타트업을 인수하거나 협력해 미래 차 개발에 박차를 가하고 있다. 대기업의 자본력은 이러한 인수 합병(M&A)과 파트너십에서 큰 강점이므로, 이를 전략적으로 활용해 최신 AI 역량을 확보하는 것도 좋은 방법이 될 수 있다.

넷째, 조직 문화의 변혁이 반드시 뒤따라야 한다. 앞서 라카니(Karim R. Lakhani) 교수의 지적대로, 많은 경우 일선 직원들은 AI 도입에 열려 있는데 오히려 리더십이 뒤처지는 상황이 나타난다(McKinsey, "AI in the workplace: A report for 2025"). 이를 극복하려면 경영층에서 솔선수범해 AI 활용을 직접 체험하고 장려하는 한편, 실패를 처벌하기보다 학습 기회로 전환하는 조직 문화를 조성해야 한다(Harvard Business School Analytic Services, 2024.6).

예컨대 임원 회의에서 보고를 받을 때 AI 분석 결과를 참고하도록 요구한다든지, 관리자 평가에 혁신 시도 실적을 반영한다든지 하는 방식이 가능하다. 또한, 내부 벤처 프로그램이나 해커톤 대회를 열어 직원들이 자발적으로 AI 아이디어를 제출하고 프로젝트로 발전시킬 수 있도록 장려하는 것도 좋은 방법이다. 실제로 미국의 캐피탈 원(Capital One) 은행은 사내 해커톤을 통해 다양한 AI 아이디어를 현실화하며 혁신적인 사례를 만들어 왔다.

중요한 것은 '톱다운' 방식의 명확한 의지와 '보텀업(Bottom-up, 자율적 참여 기반의 혁신)' 접근을 균형 있게 장려하는 것이다. 특히 오래된 기업일수록 "우리도 디지털 시대에 변하지 않으면 생존이 어렵다"는 위기의식과 "변화를 시도해 보라"는 격려가 함께 전달되어야 조직이 움직인다.

더 나아가, 미래를 바라보는 방식이 현재 행동을 결정하며, 현재의 행동이 곧 우리의 미래를 결정한다. 기업이 AI와 디지털 혁신을 단순한 도구 도입으로 바라볼 것이 아니라, 미래의 조직 운영 방식과 경쟁력을 형성하는 전략적 기회로 인식해야 하는 이유가 바로 여기에 있다. 미래를 단순히 예측하는 것이 아니라, 능동적으로 만들어 가는 조직이 될 때, AI 시대에서도 지속적인 성장과 변화를 주도할 수 있다.

이러한 문화적 변혁 없이는 비싼 돈을 들여 시스템을 도입하더라도 사장되기 쉽다. AI 도입의 성공은 결국 기술이 아닌 조직 구성원들의 태도 변화와 실행력에 달려 있다.

다섯째, 포트폴리오 관점에서 AI 도입은 단기, 중기, 장기 계획을 수립해 단계적으로 실행해야 한다. 대기업은 여러 사업 부문을 거느리고 있기 때문에, AI 적용 또한 각 부문과 전략적 목표에 맞춰 다층적으로 추진할 필요가 있다.

일부 프로젝트는 단기적으로 ROI를 창출하는 것에 초점을 맞출 수 있다. 예를 들어, 업무 자동화를 위한 로봇 프로세스 자동화(RPA, Robotic Process Automation) 도입 같은 프로젝트는 명확한 비용 절감 효과를 기대할 수 있다. 반면, 장기적인 AI 기반 혁신을 목표로 하는 연구 개발 프로젝트도 병행해야 한다. 예를 들어, AI를 활용한 신규 서비스 모델 개발, 차세대 데이터 분석 기술 연구, 인공지능을 활용한 고객 맞춤형 플랫폼 구축 등이 여기에 해당할 수 있다. 이렇게 단기 수익 창출 프로젝트와 장기 연구 개발 프로젝트를 병행하면, 한쪽에서는 빠른 성과를 내어 조직의 지지를 얻고 투자 자금을 마련하면서, 동시에 미래를 대비한 지속적인 혁신을 추진할 수 있다.

이를 위해, AI 전담 조직을 신설하거나, 기존 연구 개발 부서 내에서 AI 혁신 팀을 운영하는 방식이 효과적일 수 있다. 다만, 이러한 혁신 조직이 기존 사업부와 단절되어 독립적으로 운영될 경우, 실질적인 성과를 내기 어려울 수 있다. 따라서 AI 혁신 팀과 각 사업부 간의 긴밀한 협업 체계를 구축하고, 실험적인 AI 기술을 실제 사업과 연계해 검증하는 과정이 필요하다. 이를 위해 정기적인 협업 회의와 내부 테스트 환경을 구축하는 등 조직 간 연결고리를 강화하는 전략이 필수적이다.

마지막으로, 윤리적 · 사회적 책임을 통합하는 전략이 되어야 한다. 대기업은 사회적 영향력이 큰 만큼, AI 활용에 따른 데이터 윤리, 알고리즘 편향, 자동화에 따른 일자리 영향 등에 대한 대비책과 철학을 갖춰야 한다. 실제로 유럽연합(EU) 등에서 AI 규제가 가시화되고 있고, 잘못된 AI 활용은 기업 평판에 큰 타격을 줄 수 있다. 따라서 AI 프로젝트 시작 단계부터 법무 · 컴플라이언스 팀이 참여해 개인 정보 보호를 검토하고, AI 시스템에 대한 공정성(Fairness) 평가를 도입하는 등 거버넌스를 강화해야 한다. 일례로, 마이크로소프트(MS)나 구글 등은 AI 윤리 자문위원회를 운영하거나 AI 원칙을 대내외에

공표하고 이를 제품 개발에 적용하고 있다. 이러한 선제적 조치는 규제 준수를 넘어, 이해관계자들의 신뢰 확보라는 전략적 이점을 가져다준다. 대기업의 AI 전략은 단순히 비즈니스 성과뿐 아니라 사회와의 조화까지 고려해야만 지속 가능하다는 점을 명심할 필요가 있다.

정리하면, 대기업의 AI 전략은 전사적 관점에서 비전 → 데이터 → 인재 → 문화 → 포트폴리오 → 윤리까지 아우르는 총체적 변화 관리라고 볼 수 있다. 여기에는 최고 경영진의 리더십과 조직 전체의 참여가 모두 요구된다. 쉽지 않은 여정이지만, 역사적으로 거대한 기술 변혁기에 선두에 선 기업들은 이와 같은 자기 변신에 성공한 기업들이었다. AI라는 파도가 거세질수록, 대기업일수록 더 큰 혁신의 용기와 치밀함이 필요하다고 하겠다.

09
AI 시대의 성공을 위한 나침반

기술이 폭주하고 있는 시대, 진정한 승자는 최신 AI 기술을 먼저 도입한 기업이 아니라 자신의 목적에 AI를 일치시킨 기업이다. 더존비즈온, 넷플릭스, 그리고 수많은 기업의 실전 사례를 통해 AI를 어디에, 어떻게 써야 할지에 대한 나침반을 제시한다. 기술과 비즈니스, 사람과 기계, 윤리와 성과, 단기 실행과 장기 비전 등, AI 시대의 성공은 이 모든 축의 ‘융합에서 출발한다. 이제는 기술보다 중요한 질문을 던져야 한다. “우리는 무엇을 위해 AI를 쓰는가?”

AI와 화장품?

AI 시대의 비즈니스 전략

AI 기술의 향연 속에서 기업은 스스로에게 물어야 한다. "우리는 무엇을 위해 AI를 활용하며, 그 성공을 무엇으로 측정할 것인가?" 이 물음에 대한 답이 분명한 기업만이 유행에 그치지 않는 지속적인 혁신을 이뤄낼 수 있다. AI 시대의 비즈니스 전략을 이론과 사례 양면에서 살펴보았다. 변화하는 경쟁 환경 속에서 전략의 본질인 차별화와 가치 창출 원칙은 여전히 중요함을 확인했고, 계획된 전략과 창발적 전략의 균형을 통해 유연하면서도 일관된 길을 모색해야 함을 강조했다. 더존비즈온과 넷플릭스 사례를 통해서는 AI를 실제 비즈니스에 통합하는 통찰과 노하우를 엿보았고, 중소기업과 대기업 각각에 맞는 실행 방안을 모색하면서 리더십, 문화, 거버넌스의 중요성도 재삼 인식했다.

궁극적으로, AI 시대의 성공은 "융합(Convergence)"에 달려 있다. 기술과 비즈니스의 융합, 단기 행동과 장기 비전의 융합, 인간과 기계의 융합, 윤리와 성과의 융합. 필자가 "통합"보다 "융합"을 강조하는 이유는 단순한 결합을 의미하는 것이 아니라, AI가 기업 철학과 전략에 자연스럽게 녹아들어 시너지를 창출하는 개념으로 확장해야 하기 때문이다. 하버드 비즈니스 스쿨의 크리스텐

슨(Clayton Christensen) 교수의 말처럼, "목적은 신중하게 구상하고 선택한 다음 추구해야 한다." AI라는 새로운 도구를 손에 쥐었을 때, 기업은 먼저 자신의 존재 이유를 돌아보고, 그것과 합치되는 방향으로 AI를 활용할 때, 비로소 진정한 성과를 얻을 수 있다. 그런 기업은 AI가 가져다주는 효율과 혁신을 "융합된 가치"로 전환함으로써, 직원과 고객의 마음을 얻고, 사회의 신뢰를 확보할 수 있다. 그리고 그것이야말로 어떠한 경쟁 우위보다도 견고한 성공의 기반이 될 것이다.

무엇을 해야 하는가?

지금 이 순간에도 AI 기술은 진화를 거듭하고 있고, 경쟁 환경은 시시각각 변하고 있다. 완벽한 전략 청사진은 없을지 모른다. 그러나 이 글에서 논의한 원칙들인 차별화, 실험과 학습, 장기적 가치, 사람 중심 리더십, 신뢰 구축은 변치 않는 북극성처럼 기업이 나아갈 방향을 밝혀 줄 것이다. 더존이 과감한 도전과 치밀한 실행으로 전통 강자를 위협하는 선도 사례를 만들었듯, 우리 기업들도 각자의 자리에서 AI 시대의 혁신 스토리를 써 나갈 수 있을 것이다.

중요한 것은 지금 당장 작은 한 걸음이라도 내딛는 일

이다. "이끌든가, 따르든가, 떠나든가(Lead, follow, or get out of the way)"라는 말처럼, AI 시대의 물결 앞에서 우리의 선택지는 많지 않다.

끝으로, AI 시대에 기업의 성취를 다시 정의하며 이 글을 마무리하고자 한다. AI 시대에 기업의 성취란 무엇을 의미하는가? 단순히 최신 기술을 도입하는 것만으로 기업이 성장할 수 있을까?

AI는 혁신의 도구이지만, 기술 자체가 중요한 것이 아니다. 그것이 기업과 조직을 어떻게 변화시키느냐가 더 중요하다. AI 도입을 고민하는 기업들은 끊임없이 자문한다. "기술은 계속 진화하는데, 우리는 어디로 가야 하는가?" "어떤 AI가 진정한 변화와 성장을 가져올 것인가?"

AI가 비즈니스에 제공해야 할 가치는 복잡한 환경에서도 길을 잃지 않도록 돕고, 한눈에 전체를 조망할 수 있게 하며, 배우지 않아도 자연스럽게 활용할 수 있는 시스템을 제공하는 데 있다.

디지털 전환(DX)은 기업이 혼란 속에서도 명확한 방향을 찾도록 하고, AI는 이를 기반으로 더 넓은 시야를 제공하며, 에이전틱 AI(Agentic AI) 시스템은 사용자 친화적인 방식으로 기업의 역량을 극대화한다.

그러나 AI를 도입한다고 해서 곧바로 혁신이 이뤄지는 것은 아니다. 성공한 AI 전략이란 단순히 최신 기술을 도입한 것이 아니라, 그 기술을 통해 고객에게 새로운 가치를 제공하고, 조직을 한층 더 성장시키는 것이다. 그리고 그 성과는 단기적인 이익이 아니라, 지속적인 혁신 역량과 이해관계자들의 신뢰를 통해 측정될 것이다. 그런 의미에서, AI 시대의 진정한 승자는 기술이 아니라 전략임을 기억하자. AI가 단순한 자동화 도구에 머무르지 않고, 기업의 철학과 전략에 자연스럽게 융합될 때, 비로소 AI는 기업과 조직을 더 스마트하게 만들고, 사람과 기술이 조화를 이루도록 돕는 역할을 하게 된다.

이제 각 기업이 자기만의 AI 항해 지도를 그려 나갈 차례다. 그 항해가 창조적 혁신과 지속 가능한 성장이라는 '풍요의 섬'으로 향하는 여정이 되기를 바란다. 그리고 그 여정에서 AI는 단순한 엔진이 아니라 기업의 비전과 가치를 실현하는 길잡이가 되어야 한다.

10
AI 스타트업, 성공과 투자

AI 스타트업은 기술력 하나로 승부할 수 없다. 자본, 인재, 외부 노출 전략, 그리고 투자자 네트워크까지 모든 요소가 복합적으로 작동해야 생존 가능성이 높아진다. 특히 생성형 AI의 확산은 시장 진입 장벽을 높이고 있고, 투자자들은 기술의 혁신성 못지않게 '보이는 전략'을 중요하게 여긴다. Seed, M&A, IPO로 이어지는 성장 단계마다 성공 요인은 달라지며, 각 단계에 맞는 정밀한 전략이 요구된다. AI 스타트업, 무엇이 성공을 만들고, 어떤 기업이 투자할 만한가? 그 해답을 제시한다.

종교와 AI?

스타트업은 경제에 큰 영향을 미칠 수 있는 잠재력을 지니며, 성장과 혁신을 촉진하는 원동력으로 작용한다. 이 장은 기술 발전의 최전선에 있는 국가들 간 치열한 경쟁이 특징인 인공지능 산업에 초점을 맞추고 있다. 특히, 제4차 산업혁명의 핵심 요소인 AI와 빅데이터의 발전은 산업 구조를 재편하고 스타트업의 경쟁력과 지속 가능성에 깊은 영향을 미치고 있다. AI 스타트업은 노동 생산성을 향상하고, 새로운 고용 기회를 창출함으로써 경제 성장에 크게 기여할 수 있다.

학문적으로나 실무적으로 스타트업 성공 예측은 비교적 오랜 역사를 가지고 있다. 성공 예측 모델이나 규칙은 대체로 기업가, 투자자, 연구자, 정책 입안자 들이 이해하는 스타트업의 성장 요인이 담겨 있다. 이에 다수의 연구는 자금 조달, 리더십, 정부 지원, 규제, 혁신, 시장 경쟁 등 스타트업 성공에 기여하는 다양한 요인을 밝혀냈다(Stuart & Abetti, 1987; Robinson et al., 1991; Shan et al., 1994; Siddik et al., 2024; Garitta & Grassi, 2025). 그러나 대부분 단일 산업, 경제 또는 국가에 집중되어 있어 글로벌 차원에서 스타트업 생태계가 어떻게 다르고, 성공 요인이 무엇인지에 대한 이해에 공백이 존재한다. 이에 이 장에서는 AI 스타트업 성공을 결정하는 핵심 요인들을 살펴보고, AI 스타트업 투자의 작은 조언을 제시하고자 한다.

인공지능 기술의 경제적 영향

AI 기술은 다양한 산업 분야에 걸쳐 있으며, 혁신을 주도하고 기존의 업무 방식을 변화시키고 있다. 제조업 분야에서 AI는 공정을 최적화하고, 폐기물을 줄이며, 적응형 생산 시스템을 가능하게 함으로써 효율성과 생산성을 크게 향상한다. AI 기능이 탑재된 로봇은 복잡한 작업을 높은 정확도로 수행할 수 있어 오류를 줄이고, 다운 타임을 최소화한다. 관광 산업에서도 AI는 운영을 간소화하고, 고객 경험을 향상하는 데 중요한 역할을 한다. 예를 들어, 기존 연구에 따르면 AI가 반복적인 작업을 자동화함으로써 직원들이 보다 복잡하고 개인화된 서비스에 집중할 수 있도록 지원한다. 또한, AI 기반 도구는 언어 장벽을 허물어 국제 여행객과의 소통을 용이하게 한다 (Buhalis et al., 2022). 이와 함께 AI는 프로세스 자동화와 자원 최적화를 통해 운영 비용을 절감하면서도 높은 서비스 품질을 유지할 수 있도록 한다(Wang, 2024). 한편, AI 기술은 노동 생산성을 높이고, 새로운 시장을 창출함으로써 경제 성장을 촉진한다. AI는 반복적이고 일상적인 작업을 자동화해 일부 직무를 대체할 수 있지만, 동시에 특화된 기술을 요구하는 새로운 직무를 창출한다. 이러한 노동 시장의 변화는 종종 순 고용 증가로 이어지며, AI가 유발하는 생산성 향상과 혁신은 새로운 산업의 기회를 창출한다(Balsmeier & Woerter, 2019).

또한 AI는 비용 효율적인 설루션과 디지털 포용을 통해 특히 개발도상국에서 새로운 시장을 열 수 있다. 예를 들어 황(Huang, 2024)의 연구는 기업의 디지털 전환이 운영 비용을 크게 절감해 수익성을 높인다는 점을 보여준다. 이로 인해 효율성과 성장성이 높아지고, 특히 중국 제조업 분야에서 새로운 일자리가 창출되고 있다. 더 나아가 조지프와 하이(Georgieff & Hyee, 2022)는 컴퓨터 사용률과 AI 노출도가 높은 국가일수록 더 많은 일자리가 창출된다고 보고했다. 이는 AI 기술을 효과적으로 활용할 수 있는 기술 인프라와 숙련된 인력이 있는 국가에서는 AI 도입이 고용 성장의 촉매가 될 수 있음을 시사한다. 이러한 연구 결과들을 종합하면, AI 기술이 고용 증가에 미치는 영향은 대체로 긍정적이지만, 국가 간 차이가 존재한다. 한편, AI는 글로벌 문제 해결에도 중요한 역할을 할 수 있다. 예를 들어, 머신 러닝과 딥 러닝 같은 AI 기술은 환경 문제를 예측하고 모니터링하는 데

핵심적인 역할을 하며, 이는 기후 변화의 부정적 영향을 완화하는 데 기여할 수 있다.

AI 스타트업 개황

AI 기술의 급속한 발전은 전 세계적으로 새로운 창업 붐을 불러일으키고 있으며, 그 중심에 AI 스타트업이 있다. 특히 생성형 AI, 자율주행, 로보틱스, 의료 진단, 보안, 금융 등 다양한 분야에서 AI 스타트업은 기존 산업의 혁신을 선도하고 있다. 이런 흐름 속에서 AI 스타트업의 성공을 정의하는 요인들은 점차 정교화되고 있으며, 국가의 경제 수준, 제도적 환경, 기술력, 네트워크 등 다양한 요소들이 복합적으로 작용하고 있다.

글로벌 AI 스타트업 시장의 특징 중 하나는 지역 간 격차다. 미국, 캐나다, 영국, 독일, 이스라엘 등 고소득 국가에서는 AI 스타트업이 높은 기술력을 바탕으로 대규모 투자 유치에 성공하고 있으며, M&A(인수 합병)이나 IPO(상장) 등 엑시트 경로도 다양하다. 반면, 중저소득국에서는 자금 조달과 시장 접근성이 제한적이기 때문에, 스타트업의 기술 자산이나 외부 가시성, 정부의 지원 정책 등이 성공에 더 큰 영향을 미친다. 특히 중상위 소득국에서는 사회 관계망 서비스(SNS)나 애플리케이션 출시 같은 외부 노출 요소가 M&A에서 중요한 판단 기준으로 작용하고 있다.

또한, AI 스타트업은 기존 IT 스타트업과는 다른 특성을 지닌다. AI 특유의 고연산 처리 기술, 대규모 데이터 활용 능력, 모델 성능의 지속적 개선 필요성 등은 높은 연구 개발(R&D) 비용을 요구하며, 그에 따라 외부 투자 유치의 중요성이 더욱 크다. 이로 인해 투자자와의 관계, 초기 자금 유치 능력, 정부나 글로벌 기업과의 협력 구조 등이 스타트업 성장의 핵심 인프라로 작용하게 된다.

성공하는 AI 스타트업 요인

AI 스타트업이 성공에 이르는 데에는 여러 요인이 복합적으로 작용한다. 실증 분석에 따르면 크게 세 가지 범주, 즉 기업 자원(Corporate Resources), 마케팅/외부 가시성(Marketing and Visibility), 투자자 네트워킹(Investor Networking)이 핵심적으로 영향을 미치는 것으로 나타났다. 그 외에도 투자 경험이나 기업의 연혁도 주시할 필요가 있다.

먼저, 인적 자원은 AI 스타트업의 핵심 기업 자원이다. AI 산업에서는 다양한 연구 개발, 모델 학습, 데이터 구축 및 엔지니어링 업무를 수행할 수 있는 기술 인재의 확보가 기업의 역량과 직결된다. 예를 들어, 오픈AI는 GPT 시리즈를 개발하며 대규모 인력을 확보하고, 이를 통해 기술 진화를 촉진했다. 기업 자원은 스타트업의 내부 역량으로서 특히 초기 단계에서 중요한 요소로는 '투자금 규모', '설립 이후 경과 시간', '직전 투자 이후 경과 시간', '총 직원 수'가 있다. 실증 연구에서는 투자금 규모가 클수록, 설립된 지 일정 시간이 경과했을수록 시드 펀딩 성공 확률이 높아진다. 이는 창업 초기 기업이라 하더라도 충분한 재정적 준비와 경험이 축적되어야 성공 가능성이 높아진다는 점을 보여 준다.

둘째, 시장 타이밍 이론(Market Timing Theory)에 따르면, 기업은 시장 상황과 투자자의 관심이 높은 시기에 상장을 추진하는 경향이 있다. 특히 최근 시리즈 C나 D 같은 대규모 투자 유치 여부는 시장의 관심과 기술 검증 수준을 보여 주는 지표이며, IPO 가능성을 높인다. 또한, 펀딩 경험의 축적은 기업의 투자 매력도 및 자본 접근성을 높이고, IPO에 도달하는 시간을 단축할 수 있다. 이에 다음과 같은 가설을 제시한다. 그러므로 누적 펀딩 액수, 펀딩 라운드 경험, 최근 자금 유치를 경험한 AI 스타트업일수록 성공 가능성이 높아 이를 눈여겨볼 필요가 있다.

셋째, AI 스타트업은 투자 유치를 위해 시장 수요 기반의 문제 해결력과 기술적 차별성을 갖춘 혁신적 아이디어를 보유하고 있어야 하며, 이를 IP(지적재산권)로 확보하는 것이 중요하다. 특히 AI 모델 관련 특허, 데이터 활용에 대한 법적 권리, 상표권 및 서비스형 앱 출시는 스타트업의 신뢰성과 사업 가능성을 보여 주는 지표가 된다.

넷째, AI 스타트업의 기술이 우수하더라도, 투자자와 고객에게 자사의 비전, 기술력, 성과를 효과적으로 전달하는 마케팅 및 커뮤니케이션 전략이 매우 중요하다. 사회 연결망 이론(Social Network Theory)에 따르면, AI 스타트업은 소셜 미디어를 통해 신뢰성을 확보하고, 투자자 및 전략적 파트너와의 연결을 강화할 수 있다(Sargent & Stachurski, 2024). 플랫폼별 특성에 따라 효과는 달라진다. 예를 들어 링크드인(LinkedIn)은 팀의 전문성, 기술 이정표, 파트너십 정보를 공유해 전문성과 신뢰성을 구축하는 데 유리하며, 트위터(X)는 신기술 발표, 연구 성과, 투자 유치 상황 등을 빠르게 확산시키는 데 효과적이다. 반면, 페이스북은 소비자 중심의 B2C 마케팅에는 적합하지만, 기술 중심 투자자에게는 전문성이 낮게 비칠 수 있어 오히려 부정적인 영향을 미칠 수 있다. 마케팅 및 외부 가시성은 스타트업이 시장과 소통하는 창구다. 실증 결과에 따르면 '앱 보유 여부', '상표권 등록', 'SNS 활동 유무'는 M&A 가능성에 유의미한 영향을 미쳤다. 특히 중상위 소득국에서는 SNS와 애플리케이션 출시 여부가 M&A 가능성에 중요한 변수다. 이는 외부에 자사의 기술력이나 서비스를 얼마나 잘 노출하고 있는지가 기업의 가치를 높이는 데 결정적임을 의미한다.

다섯째, 투자자 네트워크는 자금 조달뿐 아니라, 신뢰성 및 글로벌 시장 접근성과도 직결된다. 소수의 전략적 리드 투자자 중심 구조는 기업의 의사결정 구조 안정화 및 IPO에 유리하다. 특히 대형 IT 기업(마이크로소프트, 구글, 엔비디아 등)의 투자 참여는 기업 신뢰성과 기술력을 높여 IPO 가능성을 크게 제고할 것이다. 하지만, 지나치게 많은 투자자가 존재하면 전략 방향의 일관성 저하 및 의사 결정 지연이 발생할 수 있다. 실증 분석 결과, '투자자 수', '리드 투자자 수'가 시드 펀딩과 M&A 모두에서 긍정적인 영향을 미치는 것으로 나타났다. 특히, 리드 투자자(Lead Investor)는 투자 유치뿐 아니라, 후속 투자자들의 신뢰를 유도하고 전략적 파트너십을 연결하는 데 중요한 역할을 한다.

마지막으로 기업의 연혁도 고려해야 한다. 특히 M&A

나 IPO는 유의미한 기술 성과 또는 상업적 검증을 달성한 이후, 초기 성장기 혹은 성숙기 시점에서 주로 발생한다. 예를 들어 오픈AI, 앤트로픽(Anthropic), 딥엘(DeepL) 같은 기업들은 핵심 AI 모델의 상용화 또는 고도화에 성공한 이후 대규모 투자를 유치하거나 IPO 및 M&A 전략을 구체화했다. AI 스타트업의 경우, 모델의 상용화 가능성, 고객 기반 확보, 파트너십이 조기에 입증될 경우 IPO나 M&A 가능성이 높아진다. 반면, 시드 투자는 창업 초기에 기술력과 팀 역량을 기반으로 이뤄지는 경우가 대부분이며, 시간이 지날수록 그 기회는 줄어들고, 투자자 입장에서 매력도가 낮아질 수 있다.

시드 투자 유치, 인수합병, 상장에 따른 AI 스타트업 성공 요인 비교

AI 스타트업의 성공은 시드 투자 유치, M&A, 또는 IPO로 나누어 생각해 볼 수 있다. 각 경로는 기업의 성장 단계와 목표에 따라 요구되는 성공 요인이 다르며, 이에 따라 전략도 달라진다. 이에 과거 10년간 창업한 전 세계 AI 스타트업을 대상으로 조사한 결과, 다음과 같이 단계별로 성공에 이르게 하는 요인의 공통점과 차이점이 있었다.

먼저 시드 단계(초기 투자 유치)에서는 '기술력'과 '핵심 팀 구성원'도 중요하겠지만, 조사 결과에서는 투자자 수와 리드 투자자 여부, 설립 이후 기간, 직전 투자 이후 경과 시간 등 '신뢰'와 '타이밍'이 중요한 변수로 작용했다. 시드 단계에서의 투자는 대부분 불확실성이 크기 때문에, AI 스타트업이 신뢰할 만한 네트워크를 확보하고 있는지, 이미 다른 투자자들이 관심을 보였는지 등이 성공 가능성을 높이기 마련이다. 또한, 일정 시간이 경과하면서 아이디어가 성숙되었는지, 시장 반응이 어느 정도인지도 고려 대상이다.

M&A 단계에서는 외부 가시성 요소가 더욱 중요해진다. 따라서 SNS 활동, 상표권 등록 등의 마케팅 활동은 M&A를 고려하는 대기업 입장에서 기업을 평가하는 주요 수단이 된다. 실증 분석에서도 중상위 소득 국가에서는 앱 보유 및 SNS 활동이 M&A에 유의미한 영향을 미쳤고, 고소득 국가에서도 상표권 보유가 긍정적인 영향을 끼쳤다. 이는 기술뿐 아니라, 기업의 '보이는 가치'와 '브랜드 자산'이 인수의 타당성을 판단하는 핵심으로 작용하고 있음을 보여 준다. 특히 SNS 활동에서는 친분 위주의 SNS보다는 전문성을 강조할 수 있는 SNS를 운영하는 것이 더욱 효과적이다.

IPO는 가장 높은 단계의 엑시트 전략으로, 기업의 성숙성과 시장성과 지속 가능성을 포괄적으로 평가받는다. IPO 단계에서 실증적으로 가장 유의미한 변수는 총 직원 수로 나타났으며, 이는 기업의 내부 운영 규모와 안정성, 관리 체계가 잘 갖춰졌는지를 나타낸다. 또한 IPO 기업은 단순한 기술력보다는 '지속 가능한 사업 모델'과 '수익성 확보 전략'을 이미 보유하고 있어야 하며, 이를 뒷받침하는 내부 자원과 네트워크가 매우 중요하다.

어떤 AI 스타트업에 투자할 것인가: 투자 시 유의 사항

다음은 M&A와 IPO만을 고려할 때, 어떤 AI 스타트업이 M&A와 IPO 중 어느 쪽에 더 가능성이 있는지를 판단할 때 고려할 수 있는 요소다.

먼저, 전통적 AI 세부 업종은 IPO를 통한 회수가, AI 융합 등 신규 업종은 M&A를 통한 회수가 더욱 유리하다. AI 스타트업은 자연어 처리, 컴퓨터 비전 등 전통적인 AI 분야에서부터 최근에는 바이오, 헬스케어, 제조업, 농업 등 타 산업과 융합된 AI 융합형 세부 업종으로 확산되고 있다. 상대적으로 전통적 AI 스타트업(예: 순수 알고리즘 개발, 데이터 분석 플랫폼 등)은 이미 기술의 적용 가능성과 시장성이 어느 정도 검증되어 있으며, 비교적 명확한 수익 모델을 보유하고 있다. 이러한 기업들은 투자자 설득력 측면에서 IPO를 통한 자본 시장 접근에 유리한 특성을 지닌다. 반면, 융합형 AI 스타트업(예: AI+바이오, AI+로보틱스, AI+신소재 등)은 기술적으로는 혁신성이 크지만 사업 모델이 초기 단계에 머물러 있어 시장성과 수익 예측이 어려운 경우가 많다. 이러한 기업들은 대기업이나 전략적 투자자의 자원과 시너지를 기대할 수 있는 M&A를 통해 회수 및 실현을 추구하는 것이 더욱 현실적인 전략일 수 있다. 더불어 융합형 AI 분야는 일반적인 AI 투자자에게 기술 이해도가 낮거나 평가 기준이 모호한 경우가 많다. 이로 인해 전체 사업 모델의 설득이 필요한 IPO보다는 특정 기술 확보 목적의 M&A 방식이 더 적합할 수 있다. 반면 IPO는 기관 및 공모 투자자에게 미래 수익성이 명확하게 제시될 수 있는 기업에 더욱 적합하다.

둘째, 더 많은 기업 자원을 보유한 AI 스타트업일수록 M&A보다 IPO를 통한 회수 가능성이 큰 경향이 있다. 자원 기반 관점(RBV, Resource-Based View)이나 시그널링 이론(Signaling Theory)에 따르면, 기업이 보유한 자원은 해당 기업의 차별성을 높이고, 투자자에게 '성장 역량이 충분한 기업'이라는 신호를 제공한다. 이러한 시그널은 특히 IPO 과정에서 중요한 역할을 하며, 자체 성장 역량이 충분한 기업은 IPO를 통해 자금을 확보하고 시장에 진입할 가능성이 크다. 반면, 보유 자원은 부족하지만 기술 잠재력은 높은 AI 스타트업의 경우, 전략적 투자자가 조기에 인수해 기존 자원과 결합해 시너지를 내는 방식인 M&A가 더 유리할 수 있다.

셋째, 투자 유치 경험이 많을수록 M&A보다 IPO를 통한 회수 가능성이 클 것이다. 기업의 성장 단계, 외부 검증 수준, 투자자 대응 역량 등은 IPO를 위한 주요 평가 요소다. 시리즈 A, B, C 등의 투자 유치 경험이 풍부할수록 외부 투자자들로부터 기술력과 성장 가능성, 리더십에 대해 반복적으로 검증받았다는 의미가 된다. 특히 시리즈 C 이상에서는 기관 투자자들이 회수 전략으로 IPO를 선호하는 경향이 강하다. 반면 초기 단계이거나 투자 유치 경험이 적은 스타트업은 자체 성장보다는 전략적 인수에 의존하는 경우가 많아 M&A 가능성이 상대적으로 높다.

다음으로 연혁이 길수록 IPO를 통한 회수보다는 M&A를 통한 회수 가능성이 있다. 일반적으로 IPO 투자자들은 AI 기술의 혁신성과 시장 성장 가능성을 중요하게 평가한다. 그러나 스타트업의 연혁이 길어질수록 기술적 혁신보다는 안정적 수익 기반에 머무르게 되는 경향이 있으며, 이는 IPO 투자자의 관점에서 매력도를 떨어뜨릴 수 있다. 특히 AI처럼 기술 발전 속도가 빠른 분야에서는 연혁이 긴 기업일수록 기존 기술에 머물러 있거나 혁신성 면에서 보수적인 방향으로 전환되었을 가능성이 크다. 이러한 기업은 이미 시장에 진입했지만 성장에 한계를 경험했거나, 초기 투자자의 회수 압력으로 인해 신속한 M&A를 통한 회수 전략이 선호될 가능성이 높다. 결국, 연혁이 오래될수록 IPO보다는 M&A를 통한 회수가 현실적인 선택지가 될 수 있다.

AI 스타트업에 투자할 때는 기술의 혁신성만을 기준으로 삼는 것은 위험하다. 다양한 요소가 복합적으로 성공에 영향을 미치기 때문에, 투자자는 보다 구조화된 틀에서 스타트업을 평가해야 한다.

첫째, 기업의 재정적 및 조직적 기반을 확인해야 한다. 초기 기업이라 하더라도, 직전 투자 이후 어느 정도의 시간이 흘렀는지, 이미 유의미한 금액의 투자를 유치했는지, 그리고 직원 수가 기업 규모에 비해 적절한지 등을 점검해야 한다. 이러한 요소들은 단기 유동성 위기 가능성을 줄여 주며, 지속적 성장을 위한 내부 체계를 보여 주는 지표가 된다.

둘째, 투자자 네트워크와 리드 투자자 존재 여부는 매우 중요한 판단 기준이다. 이미 다른 투자자들이 참여하고 있으며, 특히 리드 투자자가 존재한다면 이는 기업이 어느 정도의 검증을 마쳤음을 의미한다. 또한 이러한 네트워크는 후속 투자 유치와 글로벌 시장 진출 가능성 측면에서도 큰 자산이 된다.

셋째, 기술력만큼이나 중요한 것은 시장과의 연결 고리, 즉 외부 가시성이다. 앱 출시, SNS 활동, 상표권 보유 등은 단순한 마케팅 수단을 넘어, 기업이 소비자나 기업 고객에게 기술을 어떻게 노출하고 신뢰를 확보하는지를 나타낸다. 특히 M&A 가능성을 고려하는 투자자라면 이 부분은 반드시 검토해야 한다.

넷째, 투자 지역과 국가별 맥락을 고려할 필요가 있다. 예를 들어 고소득 국가에서는 기술력과 네트워크 중심의 전략이 효과적일 수 있지만, 중상위 소득국에서는 SNS 활동이나 앱 기반의 소비자 접점 전략이 더욱 중요하게 작용할 수 있다. 국가별 성공 요인을 이해한 후, 해당 지역 특성에 맞는 전략을 취하는 스타트업에 투자하는 것이 바람직하다.

마지막으로, 투자자 자신이 그 스타트업의 성장 과정

에 어떻게 기여할 수 있을지를 고민해야 한다. 단순히 자금을 지원하는 것이 아니라, 네트워크, 파트너십, 고객 소개 등 실질적인 비즈니스 자산을 제공할 수 있을 때, 투자 성공률은 높아진다.

결론적으로, AI 스타트업 투자는 단순한 기술력 판단이 아닌, 기업 자원, 네트워크, 외부 노출 전략, 국가별 맥락을 복합적으로 고려해야 한다. 투자자는 정량적 수치 외에도 기업의 성장 서사와 미래 전략을 읽어 낼 수 있어야 하며, 전략적 투자자로서의 역할을 자임할 준비가 필요하다.

참고문헌

Balsmeier, B. & Woerter, M.(2019). Is this time different? How digitalization influences job creation and destruction. *Research Policy*, 48(8), 103765.

Buhalis, D., et al.(2022). Smart cruising: smart technology applications and their diffusion in cruise tourism. *Journal of Hospitality and Tourism Technology*, 13(4), pp.626-649.

Garitta, C. & Grassi, L.(2025). Predicting break-even in FinTech startups as a signal for success. *Finance Research Letters*, 74, 106735.

Georgieff, A. & Hyee, R.(2022). Artificial intelligence and employment: New cross-country evidence. *Frontiers in Artificial Intelligence*, 5, 832736.

Huang, Y.(2024). Digital transformation of enterprises: Job creation or job destruction?. *Technological Forecasting and Social Change*, 208, 123733.

Robinson, P. B., et al.(1991). An attitude approach to the prediction of entrepreneurship. *Entrepreneurship Theory and Practice*, 15(4), pp.13-32.

Sargent, T. J. & Stachurski, J.(2024). *Economic networks: Theory and computation* (Vol. 53). Cambridge University Press.

Shan, W., et al.(1994). Interfirm cooperation and startup innovation in the biotechnology industry. *Strategic Management Journal*, 15(5), pp.387-394.

Siddik, A. B., et al.(2024). Unlocking funding success for generative AI startups: The crucial role of investor influence. *Finance Research Letters*, 69, 106203.

Stuart, R. & Abetti, P. A.(1987). Start-up ventures: Towards the prediction of initial success. *Journal of Business Venturing*, 2(3), pp.215-230.

Wang, Y., et al.(2024). Automation 5.0: The key to systems intelligence and Industry 5.0. *IEEE/CAA Journal of Automatica Sinica*, 11(8), pp.1723-1727.

조재홍

카네기멜론대학교 컴퓨터과학대학원에서 이학 석사 학위를, 성균관대학교 경영대학원에서 경영학 박사 학위를 취득했다. 현재 정보통신산업진흥원 AI반도체확산팀 팀장, 국가디지털서비스검토반 검토위원이다. 경희대학교 경영대학원 겸임교수, 한-인도 소프트웨어협력센터 소장을 역임했다. 저서로는 《디지털 파워 2023》(2022, 공저)이 있으며, 주요 연구로 "글로벌 소프트웨어 아웃소싱 계약유형에 따른 기업 다이내믹스와 지식이전에 관한 연구"(2019), "국내 공개SW 생태계 성장 장애요인과 활성화 정책 방향"(2017), "Case Study: AI Convergence Reading System for Illegal Duplication Project"(2023), "공개SW 소비국을 넘어 기여국으로 성장을 위한 제언"(2018) 등이 있다.

방은주

한국외국어대학교 정치외교과를 졸업하고 숭실대학교 경영정보학과에서 석사 학위를 취득했다. 현재 지디넷코리아 전문기자(부장), 한국경영학회 산학 이사, 한국경영정보학회 산학 이사, 서울AI재단 자문위원, 한국정보처리학회 산학이사이며, 4차 산업혁명, AI 등을 주제로 여러 기업과 학교에서 강연하고 있다. 전자신문에 입사해(1991) 컴퓨팅, 경제 차장, 국제부장, 논설위원을 역임했다.

권오병

서울대학교 경영학과에서 경영학사, 카이스트(KAIST) 경영과학과에서 공학석사 및 박사 학위를 취득했다. 현재 경희대학교 경영대학 교수이며, 한국지능정보시스템학회 회장을 역임했다. 저서로 《4차산업혁명과 지속가능사회》(2021), 《AI비즈니스》(2023), 《우주비즈니스》(2024) 등이 있다. 주된 연구 분야는 AI비즈니스, 생성형AI, 우주산업 등이다. 스탠퍼드대학 선정 인공지능 분야 HCR 2% 학자다.

지용구

동국대학교 언론정보대학원에서 디지털 컨버전스를 전공하고 석사 학위를 취득했다. 현재 더존비즈온 성장전략부문(CGO) 부사장으로서 국내 최초로 연매출 4천억을 돌파한 순수 소프트웨어 기업의 혁신을 이끌고 있다. 그룹사의 AI 연구소를 총괄하며, 지속 가능한 성장을 위한 AX(AI 전환) 전략 수립과 실행을 주도하고 있다. ICT·디지털 산업 분야에서 4차 산업혁명, 스마트워크와 애자일 실행 체계를 통해 디지털 조직 문화를 설계해 온 전략가로, 현재 겸임교수·칼럼니스트·CEO 특강 연사·스타트업 멘토로 활약 중이다. '디지털 전환은 전략이며, 조직과 개인의 퍼포먼스를 바꾸는 일'이라는 철학 아래, 지난 수년간 자신이 몸담은 조직과 고객 기업들의 변화 여정을 함께해 왔다. 이 책에는 그가 직접 겪은 실전 디지털 전환과 AI 전략 이야기가 담겨 있다.

한명주

스토니브룩대학교에서 기술경영 전공으로 석사 학위를 취득했다. 현재 연세대학교 글로벌인재대학 문화미디어전공 객원교수, 멘토리언그룹 설립자(Founder) 겸 최고경영자(CEO)다. 몽크스(前 마이티하이브) 데이터와 디지털 미디어(Data and Digital Media) 부문 한국 대표, 어도비 교육 및 컨설티 서비스 부문 상무를 역임했다.

안성일

인하대학교 정치외교학과를 졸업했다. 현재 현대경제연구원 신성장산업팀 팀장이다. 지능정보산업협회 정책협력팀 팀장, 더비엔아이 선임연구원을 역임했다. 주요 연구로 "국민 일상생활 속 인공지능 확산을 위한 정책방향 연구"(2023), "인공지능 신뢰성 제고를 위한 인증체계 연구"(2021) 등이 있다.